Thom Rutle

Die Angst umarmen

Thom Rutledge

Die Angst umarmen

Sich ihr stellen
sie erkunden
sie akzeptieren
auf sie antworten

Aus dem Amerikanischen übersetzt
von Sabine Schilasky

mvg *Verlag*

Bibliografische Information der Deutschen Bibliothek
Die Deutsche Bibliothek verzeichnet diese Publikation in der Deutschen Nationalbibliografie; dataillierte bibliografische Daten sind im Internet über **http://dnb.de** abrufbar.

Copyright © der deutschsprachigen Ausgabe 2003 bei mvgVerlag im verlag moderne industrie, Frankfurt am Main
http:http://www.mvg-verlag.de

Umschlaggestaltung: Atelier Seidel, Neuötting
Satz: mvg, D. Ott
Druck und Bindearbeiten: Ebner & Spiegel, Ulm
Printed in Germany 08366/080304
ISBN 3-478-08366-4

Inhaltsverzeichnis

Vorwort

Das Schöne daran, wenn man ein Buch veröffentlicht, ist, dass die Leser einem alle möglichen Dinge zuschicken – Bücher, Tonbandaufzeichnungen, CDs, Gedichte, Geschichten, Photos ihrer Hunde und ihrer Kinder, selbstgemachte Kerzen und Kekse. Thom Rutledge schickte mir einige seiner Texte. Wie viele andere, die ich zugeschickt bekam, waren auch sie gut. Mir gefiel die Art, wie er seine Erfahrungen schilderte, ohne dabei den Versuch zu unternehmen, seine Eigenheiten zu vertuschen. Was er schrieb, war nicht nur angenehm zu lesen, sondern darüber hinaus auch ausgesprochen hilfreich. Ich nutze seither seine Erkenntnisse und Überlegungen für meine Suche nach besserer Selbstkenntnis wie auch in meiner Arbeit mit anderen Menschen. Eine Geschichte, die er erzählte hatte es mir besonders angetan: Er beschrieb, wie er nach Jahren wieder auf seinen Campus zurückkehrte. Das brachte mich auf die Frage, inwieweit ich mich während der vergangenen drei Jahrzehnte verändert habe und wie gut oder schlecht es mir gelungen war, mich von meiner Angst zu befreien. Thom benutzte an einer Stelle das Bild einer Mauer, die es zu überwinden gelte. Ich habe das Bild in einem Workshop übernommen und festgestellt, dass die Teilnehmer anhand dieser Metapher eine andere Beziehung zu ihrer Angst gewinnen konnten und dadurch beachtliche Fortschritte machten.

Sowohl die Rückkehr zum Ausgangspunkt als auch das Bild von der Mauer finden sich in diesem Buch wieder, neben anderen Geschichten und Anregungen, die uns helfen können, Wege aus unserer Angst zu entdecken, statt uns unbewusst von ihr unsere Entscheidungen diktieren zu lassen. Was Thom schreibt, ist nicht nur aufschlussreich und ehrlich, sondern ein überaus nützlicher Ratgeber für uns alle, die wir uns nach nichts anderem sehnen, bisweilen darum kämpfen, ein einfaches Leben zu führen – bewusst.

Ältere Indianer, mit denen ich studierte, sagten, die einzig echte Freiheit wäre Angstfreiheit. Wenn das stimmt, scheinen beinahe alle Menschen in Fesseln zu leben. In Zeiten, da der technische Fortschritt jederzeit die Möglichkeit impliziert, dass durch Angst diktiertes Handeln zu Massenmord und verheerender Zerstörung führen kann, scheint es wichtiger denn je, Wege zu suchen, wie wir mit unserer Angst umzugehen lernen, anstatt unser Denken und Handeln von ihr bestimmen zu lassen.

Doch man muss natürlich nicht von der Sorge um den Weltfrieden oder den Erhalt unseres Planeten getrieben sein, um den Wunsch zu hegen, ein Leben zu führen, dass sich nicht ausschließlich nach der inneren Stimme unserer Angst richtet. Möglicherweise geht es Ihnen, lieber Leser, wie mir, und Sie sind der ständigen Sorge darum, was passieren könnte, schlicht überdrüssig. Vielleicht wollen auch Sie einfach Ruhe vor der Stimme in ihrem Kopf, die in einem fort düstere Warnungen ausspricht, unablässig ein mögliches Desaster prophezeit und es beinahe unmöglich macht, den Moment zu leben. Vielleicht wollen Sie – wie wir alle – nichts weiter als glücklich sein. Falls ja, bietet Ihnen dieses Buch wertvolle Erkenntnisse und praktische Anregungen, wie Sie mit der Angst leben können, die nun mal ein Teil der menschlichen Psyche ist.

Thom Rutledge gibt nicht vor, alle Antworten auf unsere Fragen zu wissen, und er behauptet keineswegs, selbst ein perfektes, angstfreies Leben zu führen. Gerade das macht ihn so sympathisch. Er ist einer von uns: ein Mensch auf der Suche nach einem Leben im Wachzustand. Thom gibt nicht vor, dass es ihm nie passiert ist oder nie mehr passieren wird, dass er für Momente in einen

Dämmerzustand fällt, in dem er sich unbewusst von seiner Angst leiten lässt. Gerade deshalb ist er befähigt, uns ein Gefühl zu vermitteln, das wir dringend brauchen, um mit unserer Angst umgehen zu können: Selbstmitleid. Sein Buch verspricht uns nicht, alles kitten zu können, was in unserem Leben zerbrochen sein mag. Es bietet kein Allheilmittel und gibt keine Garantien dafür, dass wir alles erreichen können, was wir wollen, wenn wir nur lernen, uns unsere Entscheidungen nicht von unserer Angst diktieren zu lassen. Wer den Mut findet, wider seine Angst zu handeln, wird nicht zwangsläufig befördert, bekommt nicht zwangsläufig ein Ja von der Frau, die er zum Abendessen einlädt, oder erntet nicht zwangsläufig Ruhm und Ehre für seine kreativen Bemühungen. Doch wie Thom in einer meiner Lieblingspassagen des Buches sagt: „Wir können lernen, der Stimme unserer Angst, die uns zu lähmen droht, ein ‚Ich riskiere es' entgegenzurufen, und unser Leben bewusster leben."

Oriah Mountain Dreamer

Lauf nicht weg, versteck dich nicht: Die Macht der Angst

Wir alle kennen Angst. Ich meine nicht die großen Ängste – Terror und Panik –, sondern Angst in all ihren Variationen. Angst ist unser ständiger Begleiter, die Nemesis unseres Alltags und unsere fortwährende Herausforderung.

Angst nährt unsere negativen Gedanken und Wertungen, die wir treffen, und bestimmt unser Streben nach Kontrolle. Angst steht ursächlich hinter Gefühlen wie Schuld, Scham oder Wut. Jede unserer problematischen Gemütsregungen geht auf die Wahrnehmung von Bedrohungen zurück – Bedrohungen unseres Selbstwertgefühls oder der Stabilität unserer Beziehungen (persönlicher wie beruflicher), ja sogar unseres Rechts auf Leben. Und auf Bedrohung reagieren wir mit Angst. Man stelle sich ein beliebiges unangenehmes Gefühl vor, beispielsweise beim Einsteigen in einen Fahrstuhl und beim anschließenden Drücken des Knopfes „Keller".

Unsere Angst versteckt sich auch hinter weniger dramatisch anmutenden Gefühlen wie Unsicherheit, Sorge oder Nervosität, die jeweils in unterschiedlicher Intensität auftreten. Sorge erstreckt sich von dem mulmigen Gefühl vor einer Präsentation bis hin zur Furcht vor Terroranschlägen. Wir sorgen uns darum, dass unsere Schuhe nicht zum Anzug oder zum Kostüm passen, oder vor dem Hunger auf der

Welt. Wir sind ein bisschen nervös, weil wir bei einem Liederabend auftreten sollen, oder schrecklich nervös, während wir auf das Ergebnis eines HIV-Tests warten.

Obwohl Angst im Leben eines jeden von uns eine dominante Rolle spielt, muss sie nicht immer negativ sein. Wie wir im weiteren Verlauf feststellen werden, ist Angst zunächst einmal ein positiver Mechanismus, eine natürliche Schutzreaktion, die der Selbsterhaltung dient. Unsere natürliche Angst kommt bei zahlreichen Gelegenheiten ins Spiel, leitet uns, warnt uns vor konkreten Gefahren und stattet uns mit einem intuitiven Wissen über Gut und Böse aus.

Doch die Phantasieleistung unseres Gehirns hat gerade in Bezug auf Angst eine Eigendynamik entwickelt. So sind wir imstande, Angst zu empfinden, für die es keinerlei äußeren Anlass gibt. „Ha, was brauche ich eine echte, äußere Gefahr, um Angst zu bekommen? Das schaffe ich ganz allein." Oder aber wir nehmen eine begründete Angst und übersteigern sie so lange, bis wir davon gelähmt sind und kaum noch atmen können. Wir leisten wahrlich hervorragende Arbeit, was derlei Verschwendung geistiger Energien angeht.

Am 6. Januar 1941, in einer Zeit, in der die Welt von beträchtlicher legitimer Angst erfüllt war, hielt Franklin Delano Roosevelt eine Rede vor dem U.S.-Kongress. Der Zweite Weltkrieg gärte, doch die USA hatten sich noch nicht ins Kriegsgeschehen eingemischt. Bis zum Angriff der Japaner auf Pearl Harbor sollten noch elf Monate vergehen. Zu diesem Zeitpunkt setzte sich Präsident Roosevelt in einer mutigen Ansprache für die Verteidigung von Leben und Lebensweisen ein:

Die Zukunft, die zu schützen unser aller Bestreben sein sollte, wird von vier grundlegenden menschlichen Freiheiten bestimmt sein:

Die erste ist die Freiheit der Rede und des persönlichen Ausdrucks – überall auf der Welt.

Die zweite ist die Freiheit eines jeden Menschen, seinen Gott zu ehren – überall auf der Welt.

Die dritte ist die Freiheit von Not und Elend – was, bezogen auf die gesamte Welt, bedeutet, das Wirtschaftsgrundlagen zu schaffen sind, die allen Nationen ein gesundes, friedvolles Leben für ihre Bürger erlauben – überall auf der Welt.

*Die vierte ist die Freiheit von Angst – was, bezogen auf die gesamte Welt, bedeutet, nach einer allgemeinen Abrüstung zu streben, die so umfassend und zuverlässig erfolgen muss, dass keine einzelne Nation mehr in der Lage sein wird, eine benachbarte Nation anzugreifen – überall auf der Welt.**

In seiner Rede sagte Präsident Roosevelt, dass die Welt der vier Freiheiten keine „Vision eines entfernten Jahrtausends" sein dürfe, sondern „die Grundidee bilden muss für eine Welt, die wir in unserer Zeit für unsere Generation schaffen wollen."

Seit dieser Rede sind 60 Jahre vergangen, während derer wir Zeiten relativen Friedens, anhaltender Konflikte und politischer Turbulenzen erlebt haben. Wir haben Gefahren kennen gelernt, die weit über das hinausgingen, was Präsident Roosevelt sich überhaupt hätte vorzustellen vermocht. Er wäre beispielsweise nie auf die Idee gekommen, dass ein Taschenmesser oder ein Teppichschneider in der Hand eines Terroristen ausreichen könnte, um ein Zivilflugzeug in einen tödlichen Bomber zu verwandeln.

Traurigerweise haben wir es nicht geschafft, Präsident Roosevelts Bild von einer Welt der vier Freiheiten Realität werden zu lassen. Heute befinden wir uns in einem entfernten Jahrtausend und sehnen

* frei aus dem Amerikanischen, d. Übers.

uns wahrscheinlich mehr denn ja danach, dass eine solche Welt Wirklichkeit werden könnte. Die unzähligen politischen Erklärungen für den gegenwärtigen Zustand unserer Welt entziehen sich nicht nur meinem Verständnis, sondern würden darüber hinaus den Rahmen dieses Buches sprengen. Aber als Psychotherapeut glaube ich, etwas beizutragen und einiges dazu zu sagen zu haben, warum wir die Hoffnung nicht aufgeben dürfen, eine angstfreie Welt schaffen zu können.

Als Präsident Roosevelt von den vier Freiheiten sprach, deren vierte die von Angst ist, bezog er sich in erster Linie auf unser Recht, ein Leben ohne äußere Bedrohung durch Krieg und Zerstörung zu führen. Bei meiner Arbeit als Psychotherapeut geht es vornehmlich um unser Recht, ein Leben ohne Angst vor innerem Krieg und innerer Zerstörung zu führen. Ich habe Tausende von Stunden im Gespräch mit anderen – Einzelpersonen wie Gruppen – verbracht, um zu einem besseren Verständnis von Problemen und ihren möglichen Lösungen zu gelangen. Ich erinnere mich nicht mehr an jede einzelne Strategie, Technik oder Philosophie, auf die ich mich während meiner Arbeit bezog, doch was auch immer das individuelle Problem war – ob meines oder das eines anderen – bei allen ging es um Angst.

Manchmal ist Angst ein Teil des Problems, und manchmal ist sie das Problem. Und wenn wir ganz genau hinschauen, stellen wir fest, dass Angst in den meisten Fällen ein Teil der Lösung ist. Angst ist ein wesentlicher Bestandteil unseres Daseins. Sie ist in unserer DNA verankert, und das hat seine guten Gründe. Angst ist unser Alarmsystem. Sie ist da, um unsere Aufmerksamkeit zu erregen, uns in die eine oder andere Richtung zu leiten, fort von möglichen Gefahren. Angst ist nichts Pathologisches, sondern Bestandteil unserer Intelligenz, Teil unseres angeborenen Leitsystems, das uns hilft, das eigene Überleben zu sichern – als Individuen, als Gemeinschaft und als Spezies.

Wie wir unsere individuellen, persönlichen Ängste wahrnehmen und mit ihnen umgehen, bestimmt unsere Reaktion als Gemeinschaft, als Nation und als Spezies auf äußere Bedrohungen – vergangene, gegenwärtige und zukünftige. Daher bin ich davon überzeugt, dass wir, wenn wir lernen, unseren individuellen Dämon zu beherrschen, damit unmittelbar zur Erlangung des Weltfriedens beitragen. Die Wellen, die unsere individuellen Bemühungen schlagen, mögen klein sein, aber sie sind da. Man kann keinen Kieselstein in einen Teich werfen, ohne damit Wellen zu verursachen. Die Arbeit, die wir in unsere persönliche Reifung investieren, ist wie der Kieselstein, der in den Teich geworfen wird. Sie schlägt Wellen. Unser Verhalten gegenüber der Familie, den Freunden oder dem Menschen, der hinter oder vor uns an der Supermarktkasse steht, ist unser Kieselstein im Teich. Vielleicht sind die vier Freiheiten, von denen Präsident Roosevelt sprach, noch immer erreichbar. Doch ich bin überzeugt, dass der Weg dorthin bei unseren eigenen Ängsten beginnt, denen wir uns stellen müssen.

Wir sollten allerdings von Anfang an eines klarstellen: Unsere natürlichen Angstmechanismen sind nicht das Problem. Vielmehr haben wir unsere höhere Intelligenz benutzt, grundsätzlich gesunde Schutzreaktionen auf unangenehme oder potenzielle Gefahrensituationen zu wahren Monstern zu überhöhen. Dieses Buch wird nicht davon handeln, wie wir unser Monster loswerden, sondern davon, wie wir uns seiner tyrannischen Kontrolle entziehen. Dieses Buch soll helfen, die Stimmen in unseren Köpfen (und wir hören sie alle, so viel ist sicher) klar zu identifizieren. Ich werde eine Strategie vorstellen, einschließlich spezieller Techniken, anhand derer wir lernen, zwischen gesunder und ungesunder Angst zu unterscheiden. In der Kurzfassung ließe sich diese einfache und zugleich alles andere als einfache Strategie folgendermaßen umreißen:

Die Stimme gesunder Angst von der ungesunder trennen.
Den weisen Rat gesunder Angst wahrnehmen und befolgen lernen.
Der ungesunden Angst sagen zu lernen, sie solle sich gefälligst setzen und den Mund halten.

Natürlich lässt sich diese Strategie nicht so einfach befolgen, wie es zunächst klingen mag. Wenn dem so wäre, bräuchte niemand dieses Buch zu lesen, und ich hätte es nicht geschrieben.

Unabdingbare Voraussetzung ist zunächst, zwischen gesunder und ungesunder Angst unterscheiden zu lernen. Die Sorgen und Ängste, die unseren Alltag bestimmen – die wirklichen Ärgermacher – entspringen nicht unserer gesunden Angst, sondern unserer neurotischen. Unsere angeborene gesunde Angst wacht still und verantwortungsvoll über unsere Schritte und wird nur laut, wenn echte, unmittelbare Gefahr droht. Sie dient unserem Schutz und unserer Orientierung. Neurotische Angst hingegen dient unserem Bedürfnis nach Kontrolle. Die gesunde Angst versorgt uns mit Anregungen, was wir im Moment tun können, wohingegen die neurotische Angst fortwährend Warnungen ausspricht, die sich auf mögliche Gefahren von morgen oder übermorgen oder dem nächsten Jahr beziehen.

Im Verlauf der Lektüre wird jeder Leser dazu aufgefordert werden, seine neurotischen Ängste zu personifizieren, sprich: der gesunden wie der neurotischen Angst ein menschliches Antlitz zu verleihen. Beide Ängste sollten wie zwei Ratgeber angesehen werden, die über bestimmte Wesensmerkmale verfügen. Ich werde im Folgenden jeweils von „dem" Ratgeber sprechen, also in der maskulinen Form, weil ich in meinen Therapien die Erfahrung gemacht habe, dass sowohl Frauen als auch Männer ihren Ängsten in überwältigender Mehrheit männliche Gestalt verleihen. Meiner persönlichen Meinung nach spiegelt dieser Umstand unsere männlich dominierte

Gesellschaft wider und wirft kein besonders gutes Licht auf mein Geschlecht. Dessen ungeachtet werde ich mich im Weiteren auf die Ratgeber als männlich beziehen, weil ich zum einen vermeiden möchte, jedes Mal ein „er oder sie" zu verwenden, und zum anderen bezweifle, dass eine wirkliche Personifizierung möglich ist, wenn wir unsere neurotische Angst als Neutrum betrachten. Als Arbeitsgrundlage ist vor allem wichtig, dass wir unsere Angst als Person hören und sehen, ob nun als männliche oder weibliche ist unerheblich. Und selbstverständlich steht es jedem Leser frei, seiner Angst die Gestalt und das Geschlecht zu geben, das am passendsten erscheint.

Nichts von dem, was im Folgenden beschrieben ist, wird unsere gesunden Ängste in ihrer Funktion beeinträchtigen. Das wäre unverantwortlich und würde die Leser in ihrer Fähigkeit beschneiden, wirkungsvoll auf echte Gegebenheiten zu reagieren. Wer beispielsweise eine Kopfverletzung erleidet und in die nächste Notaufnahme geht, bekommt vom Pflegepersonal nicht sofort Schmerzmittel verabreicht, weil zunächst eine Diagnose erstellt und über eine sinnvolle Behandlung entschieden werden muss. Nun ist die Verweigerung sofortiger Schmerzlinderung kein Indiz dafür, dass die Leute in der Notaufnahme von sadistischen Neigungen umgetrieben werden. Ebenso wenig gründet sie darin, dass der zuständige Sachbearbeiter bei der Krankenkasse an einem Mittwochnachmittag nicht zu erreichen ist und daher nicht geklärt werden kann, welche Kosten übernommen werden. Der wahre Grund ist der, dass der Schmerz wertvolle Informationen über Art und Schwere der Verletzung gibt und so möglicherweise mitentscheidet über Leben und Tod. Genauso müssen wir uns die gesunde Angst vorstellen. Um bei unserem Notaufnahmen-Beispiel zu bleiben: Wir tun gut daran, die Informationen auszuwerten, die uns unsere gesunde Angst gibt, anstatt sie mit fragwürdigen Mitteln zu dämpfen oder uns von ihr abzulenken.

Dieses Buch soll die Leser lehren, ihre gesunde Angst zu identifizieren und sich von ihr leiten zu lassen, ebenso wie es ihnen Wege aufzeigt, sich gegen ihre neurotische Angst zu behaupten und sich ihrer giftigen Kontrolle zu entziehen. Um zwischen beiden Ängsten zu differenzieren, sollten wir uns folgendes Szenario vorstellen:

Man sitzt mit zwei Beratern in seinem Büro. Die gesunde Angst ist der stille Typ, der Ruhe und Kraft ausstrahlt und uns durch sein Verhalten signalisiert, dass er auf der Hut sein und uns rechtzeitig auf drohende Gefahren hinweisen wird. Dieser Berater wird keine wertvolle Energie darauf verschwenden, alle irgend erdenklichen Risiken heraufzubeschwören und uns bildreich zu schildern, was alles an Schrecklichem geschehen könnte. Außerdem wird er uns im Falle tatsächlicher Gefahr prompt vernünftige Empfehlungen nennen, wann und wie wir darauf reagieren sollten. Zur Veranschaulichung: Die Angst, die uns motiviert, zur Seite zu springen, um dem nahenden Bus auszuweichen, ist eine andere als jene davor, Erwartungen, die wir an uns selbst stellen, eventuell nicht gerecht zu werden. Und die Angst, die wir erleben, wenn uns mitgeteilt wird, dass wir Gefahr laufen, einen Herzinfarkt zu bekommen, ist wieder eine andere. Im Falle des nahenden Busses wird unsere gesunde Angst uns nicht vorschlagen, uns baldmöglichst einen aktuellen Busfahrplan zu besorgen, damit wir in Zukunft vermeiden können, überfahren zu werden. Und wenn wir fürchten, in einer privaten oder beruflichen Situation unser Potenzial nicht genügend genutzt zu haben, wird uns dieser Berater nicht empfehlen, uns vor den nächsten Bus zu werfen.

Demnach ist gesunde Angst imstande, eine erstaunliche Menge komplexer Informationen zu verarbeiten und daraufhin Empfehlungen auszusprechen, die so einfach und wirkungsvoll wie möglich sind. Der Bus kommt – runter von der Straße. Du leidest seit einiger Zeit unter unerklärlichen Schmerzen – geh zum Arzt.

Neurotische Angst hingegen ist alles andere als still. Dieser Berater redet in einem fort und versorgt uns mit den dramatischsten Darstellungen sämtlicher potenzieller Gefahren, kleiner, mittlerer und großer. Er empfiehlt uns, permanent im Zustand der Bedrohung zu verharren – mit beklemmendem Gefühl in der Brust oder einem unangenehmen Grummeln im Bauch – und so auf alles und jedes zu reagieren, sei es den nahenden Bus oder die Sorge, jemand, den wir vor zwei Tagen kennen gelernt haben, könnte uns nicht mögen. Dieser Berater läuft im Zimmer auf und ab, während er pausenlos spricht, setzt sich nie und ist keine Sekunde still. Seine bloße Gegenwart macht uns extrem nervös. Er erinnert uns unablässig daran, welche Negativentwicklungen möglich sind. Sein Motto scheint zu lauten: „Wenn etwas schiefgehen kann, sollten wir uns darauf konzentrieren." Erfolge erschüttern ihn nicht im Mindesten. Er hat die Fähigkeit, inmitten positiver Fortschritte ungerührt dazustehen und negative Prophezeiungen und Warnungen auszustoßen. „Wenn du (beliebig vervollständigen), wird es dir Leid tun." „Wie kommst du darauf, du könntest jemals (beliebig vervollständigen)?"

Bei vielen von uns treten neurotische Ängste bereits in jungen Jahren auf. Meine erste Erinnerung an neurotische Angst ist die Furcht, die mich erfüllte, als ich die vierte Klasse beendete (mit lauter Einsen im Zeugnis). Statt froh zu sein und mich meines Erfolges zu freuen, war ich davon überzeugt, ich wäre an der Spitze meines Könnens angelangt und niemals den Anforderungen gewachsen, die die fünfte Klasse an mich stellen würde. Neurotische Angst gibt sich am liebsten mit Extremen ab. So entsinne ich nicht, mich gesorgt zu haben, ich könnte auf den nächsten Test in der fünften Klasse unzureichend vorbereitet sein, sondern ich fürchtete mich davor, komplett zu versagen. Und wenn ich heute mit meinen beiden Beratern zusammensitze, stelle ich fest, dass sich derjenige, der meine neurotische Angst repräsentiert, überhaupt nicht verändert hat: Er liebt es, das totale Desaster vorauszusagen.

Doch wir wollen unser Ausgangsszenario fortsetzen. Wir sitzen also da und hören unseren beiden unterschiedlichen Beratern zu. Wir blicken von einem zum anderen, von dem ruhigen, Stärke signalisierenden zu dem unentwegt plappernden, auf und ab laufenden, sehr aufgeregten, der selbst dann noch weiterredet, wenn wir gar nicht mehr hinhören. Für einen Moment wägen wir den Rat des einen gegen den des anderen ab. Doch schon nach ganz kurzer Zeit, ohne wirklich nachgedacht zu haben, entscheiden wir uns dafür, unser Leben dem zweiten Berater – dem neurotischen, aufgeregten und enervierenden Weltuntergangspropheten – anzuvertrauen.

Sollte den Lesern bei der Vorstellung derartiger „Kopfsitzungen" mulmig werden, kann ich sie beruhigen. Diese inneren Gespräche sind kein Zeichen für Geisteskrankheit, sondern Produkte normalen menschlichen Bewusstseins.

Eines der obersten Ziele des Buches ist es aufzuzeigen, wie wir das überwinden, was ich gern „den Mythos der Singularität" nenne – unseren Glauben, dass wir immer nur eine Meinung und ein Gefühl zurzeit haben dürfen. Stattdessen wollen wir zu einer realistischeren und effektiveren Wahrnehmung unseres Denkens finden, um zu erkennen, wie wir mit unserer Angst umgehen. Insbesondere wollen wir ergründen, wie und warum ansonsten intelligente menschliche Wesen angesichts des frappierenden Gegensatzes zwischen gesunder und neurotischer Angst sich immer wieder für die neurotische Angst als Berater entscheiden, obwohl diese Wahl so offensichtlich irrational ist und wider unseres besseren Wissens erfolgt.

Die meisten Menschen kennen ihre gegensätzlichen Berater. Einige von uns können sogar behaupten, sie sehr gut zu kennen – besonders den der neurotischen Angst, den meine Frau gern „den Tyrannen" nennt und den ein Klient von mir als „den Vorsitzenden" bezeichnete. Aus der Entfernung betrachtet mag dieses Szenario, in dem wir dem offensichtlich ungeeignetsten Berater den Vorzug geben, geradezu komisch anmuten, aber in der Realität ist das alles andere als komisch. Kehren wir noch einmal zu unserer Kopfsitzung zurück, hören wir genau hin, was gesagt wird, und überlegen wir, welche Folgen es haben kann. Nur so werden wir herausfinden, wie wir eine andere Entscheidung treffen, unsere neurotische Angst aus ihrer gegenwärtigen Autoritätsstellung feuern, und unserer gesunden Angst den ihr gebührenden Posten zuteilen können.

Der Berater der neurotischen Angst wird uns erzählen, er wolle nur unser Bestes. Er trägt ganz gewiss kein Namensschild, auf dem „Tyrann" steht. Wahrscheinlich wird er vorgeben, er wäre „die Stimme der Vernunft", „der Realist", „unser bester Freund" oder gar „unsere einzige Hoffnung".

Unsere gesunde Angst, jener Berater, den meine Frau „den Verbündeten" nennt, bedrängt uns nicht. Er äußert sich klar, direkt und themenbezogen. Er ist nur zu einem einzigen Zweck in unserem Kopf: um uns zu schützen. Der Tyrann hingegen wird behaupten, uns schützen zu wollen und es vielleicht sogar versuchen. Dabei jedoch überschreitet er immer wieder die Grenzen dessen, was in seiner Stellenbeschreibung vorgesehen ist. Sein Schutz ufert in Kontrolle aus. Seine Philosophie scheint in den meisten Fällen zu lauten: „Wenn ich dich davon abhalten kann, Risiken einzugehen, wirst du vor Verletzungen, Peinlichkeiten, Enttäuschungen und Erniedrigungen sicher sein." Die Beziehungsmechanismen sind dieselben wie in allen anderen Beziehungen, in denen einer der Partner den anderen dominiert. Der „Kontrollierende" hält seine Kontrollposition dadurch aufrecht, dass er den anderen permanent in seinen Selbstzweifeln bestärkt. Kurz: Je niedriger unser Selbstwertgefühl, umso leichter sind wir zu kontrollieren. Diese Logik durchzieht jede Beziehung unseres Lebens, sei es die zu einem Elternteil, zu einem Partner oder zu unserer neurotischen Angst.

Ich möchte unseren inneren Widerstreit mit der Angst keineswegs durch übertriebene Darstellung dramatisieren. Dennoch habe ich die Erfahrung gemacht, dass wir zwar unterschiedlich ausgeprägte Positionen innerhalb des geschilderten Szenarios einnehmen, es jedoch keineswegs übertrieben ist zu behaupten, wir alle wären „Terrorist und Geißel in einer Person". Wir alle verfügen über die unselige Fähigkeit und die Neigung, uns selbst zu terrorisieren.

Deshalb hoffe ich, mit diesem Buch die Leser zu einer Rettungsmission motivieren zu können. Wie ich in meinem Leben und in der Arbeit mit Klienten erkennen durfte, braucht es nichts Geringeres als lebensverändernde Entscheidungen, damit wir die Kontrolle über unser Leben zurückgewinnen – oder erstmals gewinnen. Daher werde ich die Leser an ihre Ängste heranführen, sie zu ihrem Tyrannen begleiten, denn vor ihm wegzulaufen funktioniert nun mal nicht. Ich möchte zeigen, dass unser Tyrann uns nur dann kontrollieren kann, wenn wir es ihm erlauben. Und wir können lernen, es ihm zu verbieten.

Ich empfehle, während der Lektüre hin und wieder eine Pause zu machen, innezuhalten, um die beiden Berater in Ruhe zu identifizieren und voneinander unterscheiden zu lernen. Wer Veränderungen will, muss begreifen, wer der Tyrann und wer der Verbündete ist.

In Gruppentherapien und Seminaren veranstalte ich oft Rollenspiele, bei denen zwei Berater sich zu beiden Seiten eines Freiwilligen setzen. Beide erhalten eine kurze Liste mit Botschaften (abgestimmt auf den betreffenden Freiwilligen), und ich weise sie an, gleichzeitig auf die zu beratende Person einzureden. Dabei sage ich ihnen: „Seid nicht höflich. Die Stimmen in unseren Köpfen sind es schließlich auch nicht. Redet einfach pausenlos."

Jeder Freiwillige erlebt diese Übung anders, und doch ist ein allgemeiner Trend zu erkennen. Normalerweise berichtet die beratene Person hinterher, sie hätte versucht, sich auf den Verbündeten zu konzentrieren (der Dinge sagt wie, „Wichtig ist, dass du dir selbst treu bleibst", oder „Das Einzige, was du zu fürchten hast, ist, nicht für das einzutreten, woran du glaubst"). Doch im Verlauf des Rollenspiels werden sie mehr und mehr von dem Verbündeten fort und zu dem Tyrannen hin gezogen, bis sie am Ende nur noch hören, was der Tyrann ihnen eingibt und gar nicht mehr bewusst wahrnehmen, welche „gesünderen" Botschaften sie empfangen. In den meisten, wenngleich nicht in allen Fällen, neigt sich die Person in der Mitte irgendwann sichtbar dem Tyrannen zu.

Und genau das tun wir alle: Wir neigen unseren Kopf, um unsere neurotische Angst besser hören zu können, selbst wenn wir zuvor erkannt haben, wie viel aufrichtiger unsere gesunde Angst ist. Warum also treffen wir immer wieder die offensichtlich falsche Entscheidung, wenn wir doch die Wahl haben? Sind wir von einer inhärenten Negativität getrieben? Mögen wir es, immerfort Angst zu haben? Sind wir einfach dumm?

Die Antwort ist, dass keine dieser Möglichkeiten zutrifft. Wir sind nicht inhärent negativ, genießen es nicht, uns um Sinn und Verstand zu fürchten, und sind auch nicht blöd. Die neurotische Angst hat sich auf zwei verschiedene Weisen in unserem Bewusstsein festgesetzt. Zum einen hat sie sich über Jahre durch bloße Wiederholung einen sicheren Platz in unserem Denken erobert. Und zum anderen, als natürliche Folge unausgesetzter Wiederholung, haben ihre Botschaften mit der Zeit einen hohen Grad an Glaubwürdigkeit gewonnen. Sie sind uns so vertraut, dass wir dazu neigen, ihnen zu glauben. Mit anderen Worten: Unser Tyrann hat uns einer langanhaltenden, gründlichen Gehirnwäsche unterzogen.

Unsere Aufgabe besteht mithin darin, diese Gehirnwäsche umzukehren, und das bedeutet weit mehr, als uns von der Stimme der neurotischen Angst abzuwenden. Wir müssen lernen, die bewusste Entscheidung zu treffen, uns von dem Tyrannen ab- und dem Verbündeten zuzuwenden. Doch auch wenn wir das beherrschen, wird es nicht wirklich einfach. Die Stimme des Verbündeten wird durch wiederholtes Training und konzentrierte Aufmerksamkeit lediglich den ihr gebührenden Platz in unserem Bewusstsein einnehmen, so dass wir ihre Stärke, Glaubwürdigkeit und Weisheit erkennen.

Auf den nachfolgenden Seiten werde ich über Menschen schreiben, die diese Aufgabe mutig angegangen sind und sie erfolgreich absolviert haben. Und ich werde ebenfalls von meiner eigenen Arbeit erzählen. Ich habe schon längst aufgehört, mein professionelles Wissen von dem zu trennen, was mich mein Leben als ein Mensch unter vielen gelehrt hat. Und soweit ich mir bewusst bin, habe ich nie einen Unterschied zwischen meinen Klienten und mir gemacht, der über den Respekt unserer jeweiligen Individualität hinausging. Dabei war ich mir allerdings stets darüber im Klaren, wer der Klient und wer derjenige ist, der die Verantwortung für die Leistung übernimmt. So abgedroschen es auch klingen mag, bin ich der Überzeugung, dass wir alle Wanderer auf einem gemeinsamen Weg sind, oder zumindest Wanderer, deren Wege sich häufig kreuzen. Und indem wir unsere Erfahrungen austauschen – die Errungenschaften wie die Niederlagen – geben wir einander Orientierung.

Daher sollte dieses Buch wie eine Einladung zur gemeinsamen Arbeit aufgefasst werden. Ich lade meine Leser ein, an dem teilzuhaben, was sie lesen, und die Ideen, Philosophien und Techniken zu erproben, die hier beschrieben sind. Der Weg, den wir auf den nachfolgenden Seiten gemeinsam gehen wollen, lässt sich in wenigen Stichworten zusammenfassen, die gleichsam als Karte für unsere Reise dienen können:

Vier Schritte zu einem besseren Umgang mit der Angst

* Sich der Angst stellen
* Die Angst erkennen
* Die Angst akzeptieren
* Auf die Angst reagieren

Sich der Angst stellen bedeutet aufzuhören, vor der furchteinflößenden Stimme in unserem Innern wegzulaufen, sich von ihr verschrecken zu lassen oder sich vor ihr zu verstecken. Diese Stimme findet uns so oder so, ganz gleich wohin wir rennen oder wo wir uns verstecken. Unsere Angst erkennen können wir, indem wir uns umdrehen und auf den Tyrannen zugehen. Falls jemand der Meinung sein sollte, nichts wäre leichter als das, kann ich nur sagen: Wart's ab. Angst zu akzeptieren heißt, entgegen landläufiger Missverständnisse, nicht, dass wir mit unserer Angst übereinstimmen oder sie gar mögen. Akzeptieren bedeutet das Erkennen der Unabänderbarkeit bestimmter Dinge. Und je eher wir uns mit der Tatsache abfinden, dass die beängstigenden Botschaften (der neurotischen Angst) sich nicht aus unserem Kopf löschen lassen, umso eher können wir dazu übergehen, unsere Kraft in den letzten der vier Schritte zu investieren. Denn letztlich geht es sowohl um unsere Reaktion als auch um unseren Umgang mit der Angst, und den lernen wir nur auf der Grundlage der ersten drei Schritte.

Wenn neue Klienten in meine Praxis kommen und eine Therapie wollen, wünsche ich mir, dass sie Erfolge erwarten. Natürlich sollten sie keine unrealistischen Erwartungen an mich und den psychotherapeutischen Prozess herantragen, aber ich möchte, dass sie daran glauben, sich innerhalb dieses Prozesses verändern zu können.

Die Arbeit an der persönlichen Reifung – sei es in der Therapie, in Seminaren oder mittels Selbsthilfematerialien – muss immer von beiden Seiten ausgehen. Man sollte niemandem glauben, der vorgibt, absoluter Experte für menschliche Befindlichkeiten zu sein. Zwar denke ich, etwas Wichtiges zu vermitteln zu haben; andernfalls würde ich weder mit Klienten arbeiten noch ein Buch schreiben. Doch vor allem bin ich der Überzeugung, dass die Wahrheiten, die der Leser im Folgenden erkennt, Ergebnisse unseres Dialogs sind. Der innovative Arzt/Heiler Patch Adams weist daraufhin, dass wir alle Ärzte und alle Patienten sind. Ebenso sind wir alle Lehrer und alle Schüler. Ich bringe ein, was ich beizutragen habe, wie der Leser einbringt, was er beizutragen hat. Erst in der Vermischung beider Beiträge lässt sich die Wahrheit erkennen.

Jenni ist eine junge Frau, die während der vergangenen sechs Monate enorme Fortschritte in der Überwindung ihrer Essstörungen gemacht hat. Mit Klienten wie ihr arbeite ich besonders gern, weil sie enthusiastisch und kooperativ sind. Wenn sie zu den Sitzungen erscheint, berichtet sie mir als Erstes von ihren Fortschritten oder ihrem Mangel an Fortschritten seit unserem letzten Treffen, und sie hat immer Fragen. Das sind keine rhetorischen Fragen (Warum geht es mir so schlecht? Werde ich jemals aufhören, mich wie in einer Sackgasse zu fühlen?), sondern Fragen, auf die sie Antworten will. Sie akzeptiert die Tatsache, dass sie mir helfen muss, die Antworten zu finden, und sie weiß, nur ihre Fragen führen uns zu den Antworten.

Natürlich gibt es ebenso viele verschiedene Arten, Klient in einer Therapie zu sein, wie es unterschiedliche Formen gibt, Therapeut zu sein. Sie variieren nicht nur nach individuellen Philosophien, bestimmten Methoden und Techniken, sondern sind vor allem von den Persönlichkeiten geprägt, die hier aufeinander treffen. Jenni ist eine aktive Klientin. Während unserer Sitzungen macht sie sich Notizen, und was wir tun, beschreibt sie als die Verfassung eines Selbsthilfebuches, das genau auf sie abgestimmt ist. Während der

Therapiearbeit ein Tagebuch zu führen, kann ausgesprochen wertvoll sein. Wer sich jeden Tag ein paar Minuten Zeit nimmt, seine Gedanken und Gefühle zu notieren, behält eine bessere Orientierung innerhalb des Prozesses. Das gilt übrigens nicht nur für Therapien, sondern desgleichen für die Arbeit innerhalb einer Selbsthilfegruppe, für das Gespräch mit einem vertrauten Freund oder für die Lektüre dieses Buches. Für den Wert der Notizen ist es vollkommen unerheblich, ob sie eloquent oder wohl sortiert oder sauber geschrieben sind. Wichtig ist einzig, dass wir unsere Gedanken festhalten. Man muss es sich so vorstellen, als setze man sich mit sich hin und frage sich „Wie geht es dir?". Und unsere Notizen sind die Antwort. Wenn wir sie später nochmals durchlesen, hören wir uns selbst zu.

Ich möchte jedem Leser empfehlen, das Tagebuchschreiben für sich auszuprobieren. Dabei kann man sich entweder an den oben genannten Stichworten orientieren oder aber eine Pro-Kontra-Liste führen, in der man sowohl den Verbündeten als auch den Tyrannen zu Wort kommen lässt. Aber selbstverständlich ist es vollkommen ausreichend, sich seine Gefühle und Gedanken während des Lesens zu notieren. Ich empfehle meinen Klienten grundsätzlich, ein Tagebuch zu führen, da ich der Meinung bin, dass es ihnen Zeit und Geld sparen kann. Denn manchmal ist ein Tagebuch mindestens so produktiv wie eine gute Therapiesitzung. Und wie der Leser sehen wird, lassen sich viele meiner Therapieübungen schriftlich ausführen.

Falls man jedoch zu dem Schluss kommen sollte, das Schreiben entspräche nicht dem persönlichen Stil, lässt man es einfach. Dennoch gebe ich die Hoffnung nicht auf, dass manch ein Leser – wie Jenni – feststellen wird, wie wirkungsvoll es ist, sein eigenes Selbsthilfebuch zu verfassen.

Um des Lesers und meinetwillen möchte ich gleich zu Beginn darauf hinweisen, dass dieses Buch kein Allheilmittel sein kann und will. Nichtsdestotrotz sollte der Leser gewisse Erwartungen sowohl an mich als Autor und Anleiter stellen als auch an sich selbst als Leser und Entdecker.

Ich bin der festen Überzeugung: Wer sich den Ideen und den vorgeschlagenen neuen Methoden in diesem Buch stellt, wie immer der individuelle Leser vorgehen wird (es gibt keine falsche Taktik), kann seine Beziehung zur Angst verändern. Ausmaß und Lebensdauer der Veränderungen hängen allerdings ausschließlich von der individuellen Bereitschaft ab, die Methoden im täglichen Leben beizubehalten.

Einige Aspekte der Arbeit sind aufregend und spannend: das Zulassen aufgestauter Gefühle, neue Erkenntnisse, der Trost und die Erleichterung, die neues Selbstmitleid uns bringen. Andere Aspekte wiederum bedeuten eine Menge harte Arbeit, die wir tagtäglich zu leisten lernen müssen. Wer etwas erreichen will, muss sich sowohl den aufregenden (und natürlich auch beängstigenden) wie auch den anstrengenden Aufgaben stellen.

Seit ich ein Kind war habe ich Kartenspielertricks geübt. Heute kann ich mit einem Kartenspiel Dinge anstellen, die auf den ersten Blick ziemlich einfach aussehen, die in Wahrheit aber das Ergebnis unzähliger Stunden wiederholten Übens sind. In einer Therapiesitzung schlug ich Jenni unlängst vor, sie solle einen Trick, den ich ihr beibrachte, anwenden, um sich in besonders schwierigen Situation auf bestimmte Gedanken zu konzentrieren. Ich erklärte ihr die Kombination beider Übungen folgendermaßen: Wir können unsere Denkweise ebenso wenig von einem Augenblick zum anderen umstellen wie einen Kartentrick nach einmaligem Zeigen erlernen – beides erfordert stundenlange Übung.

Ich habe mich bemüht, in dieses Buch zahlreiche Geschichten, Ideen und Techniken einfließen zu lassen, die der Leser mit verhältnismäßig wenig Aufwand für sich nutzen kann. Ich biete sozusagen ein paar Zaubertricks an, die mit geringer Übung zu beherrschen sind.

Wer sich jedoch vornimmt, das Buch wie einen schwierigen Kartentrick anzugehen, und bereit ist, Arbeit und Zeit zu investieren, wird einiges von dem vorgeschlagenen Material anwenden können, um sein Leben nachhaltig zum Besseren zu verändern.

Ist es nicht höchste Zeit, den Tyrannen zu feuern, der unser Leben fest im Würgegriff hält? Ist es nicht höchste Zeit, selbst die Verantwortung zu übernehmen? Wem diese Fragen Angst machen, der ist hier richtig. Willkommen im Club derer, die ab heute etwas verändern wollen, und die der wahnwitzigen Idee anhängen, dass wir zwar nicht kontrollieren können, was geschehen wird, aber sehr wohl unsere eigene Reaktion darauf. Denn diese Reaktion ist es, die darüber entscheidet, ob wir ein zufriedenes, ein erfülltes oder sogar ein glückliches Leben führen.

Wenn wir mit dem ersten Stichwort unserer Liste beginnen, uns der Angst zu stellen, bringen wir etwas ins Spiel, was meiner Meinung nach eine vielfach unterschätzte Voraussetzung aller Veränderung ist: das Bewusstsein. In einfachen Worten: Dunkelheit ist die Abwesenheit von Licht; wo Licht ist, herrscht keine Dunkelheit, und eben dieses Licht ist das Bewusstsein.

Ich verdiene meinen Lebensunterhalt zu einem wesentlichen Teil damit, andere mittels einer zuverlässigen Taschenlampe in die Dunkelheit ihrer Psyche zu begleiten. (Einmal sagte jemand zu mir: „Mein Kopf ist wie ein berüchtigter Stadtteil – allein traut man sich da nicht hin.“) Wir richten den Lichtstrahl mal hier-, mal dorthin und zerstören die Dunkelheit. Das Faszinierende am Licht des Bewusstseins ist, was es einmal erleuchtet hat, wird zwar hinterher wieder im Dunkeln sein, aber wir wissen dann trotzdem noch, dass es da ist. Sobald wir uns etwas bewusst gemacht haben, kann es nie mehr in der Anonymität des Dunkels verschwinden, denn wir wissen nun, was es ist. Und genauso verhält es sich mit der Angst.

Das Wissen um sie ist der erste Schritt zu einem kraftverleihenden Bewusstsein. Daher sollte sich der Leser auf jeder Seite dieses Buches seiner Angst bewusst sein. Lauf nicht weg. Versteck dich nicht. Verhülle die Angst nicht mit Ausflüchten, Entschuldigungen, Selbstvorwürfen oder stimmungsverändernden Chemikalien. Geh direkt drauf zu. Die Angst, die wir ein Leben lang zu ignorieren versuchten, ist auf dem besten Wege, unser Lehrmeister zu werden.

Sei einfach, und fürchte dich nicht.
William Shakespeare

2

Darauf zugehen:
Was es heißt, „keine Angst" zu haben

Als ich eingeladen wurde, einen Vortrag an meiner ehemaligen Universität zu halten, katapultierte mich das 25 Jahre in die Vergangenheit zurück. Zwei Tage vorher nahm ich an einem Seminar zu der Frage teil: „Wenn Sie die Chance bekämen, die Zeit zurückzudrehen und Sie nur eine Sache anders machen könnten, welche wäre das?" Auf meiner nostalgischen Reise zum Austin-College in Sherman, Texas, sollte ich die Antwort auf diese Frage finden.

Ich traf am Abend vor meinem Vortrag ein und beschloss, einen Spaziergang über den Campus zu machen. Hier hatte ich die vier wichtigsten Jahre meines Lebens verbracht. Mit Ausnahme von zwei oder drei neuen Gebäuden schien alles so zu sein, wie ich es damals zurückgelassen hatte. Doch was mich regelrecht erschreckte war das ungute Gefühl, auch ich hätte mich seither kaum verändert. Mir wurde klar, dass ich vor allem in einer bestimmten – und wenig schmeichelhaften - Hinsicht immer noch dieselbe Person war, die hier vor 25 Jahren ihren Abschluss gemacht hatte: Ich hatte immer noch Angst.

Im Jahr 1972 war ich als „Freshman" über den Campus gegangen – mit schulterlangen Haaren, in einem ausgebleichten roten T-Shirt, verwaschenen Levis und Turnschuhen, die über die Knöchel reichten. Am ersten Tag jenes Herbstsemesters wurde ich mehrfach von anderen Studienanfängern, die teilweise mit ihren Eltern hergekommen waren, nach dem Weg gefragt. Sie erkannten gar nicht, dass ich ein ebenso verängstigter Neuankömmling war wie sie. Man sah mir meine Angst nicht an, weil ich bereits gelernt hatte, nach außen cool und gelassen zu wirken, obwohl ich in Wirklichkeit panisch war. Zumeist ist mir diese Fähigkeit sehr nützlich gewesen. Sie ist eine hervorragende Tarnung. Andere halten mich für einen ruhigen, gefassten Menschen – selbst in den chaotischsten und erschreckendsten Phasen meines Lebens. Glücklicherweise habe ich mit der Zeit bedeutende Fortschritte gemacht, mein Wesen mit der Fassade in Einklang zu bringen, aber bis heute passiert es mir, dass ich nach außen weit ruhiger scheine als ich mich innen fühle. Das ist meine schlimmste Angewohnheit.

Im Herbst 1972 war ich äußerlich sehr ruhig, auch wenn ich innerlich von entsetzlicher Angst geplagt wurde. Deshalb sprachen mich die neuen Studenten und ihre Eltern an, um nach dem Weg zu fragen. Heute weiß ich, was ich damals nicht erkannte, nämlich dass das Blinder-führt-Blinde-Spiel für mich erst beginnen sollte.

Meine Studienjahre habe ich in vollen Zügen genossen. Ich liebte es, unabhängig zu sein, nutzte meine neugewonnene Unabhängigkeit aber leider eher, um meine Neurosen zu kultivieren und ein Alkoholproblem zu entwickeln, anstatt meine Möglichkeiten zu erforschen, meinen Traum von einer Schriftstellerkarriere wahr zu machen. Ich schwankte beständig zwischen gnadenloser Selbstüberschätzung und erbarmungslos destruktiven Selbstzweifeln.

Während meiner College-Jahre brachte ich mir bei, mich vor meiner Angst zu verstecken. Alkohol war ein gutes Versteck, während ich mir einredete, dass sich der Erfolg in meinem Leben auf wunderbare Weise von selbst einstellen würde. Und ob mir die Selbstzweifel

– Selbstverdammung wäre eigentlich der passendere Ausdruck – nun dabei halfen, mich vor meiner Angst zu verstecken, oder nicht, auf jeden Fall taten sie mir ganz und gar nicht gut. Ich glaube nicht, dass ich mir meines Versteckens bewusst war. Und ich habe gewiss nicht erkannt, wie ängstlich ich war. Ich ahnte nicht einmal, mit welcher Vehemenz ich mich in dem übte, was aller Angst am zuträglichsten ist: der Vermeidung. Ich kannte meinen Tyrannen nicht, und deshalb bemerkte ich auch nicht, wie sehr er mir im Nacken saß.

In meinem Therapieraum habe ich Dutzende kleiner Karten an einer Wand befestigt. Ich nenne sie „die Erinnerungen für die therapeutisch Vergesslichen". Meine Klienten nennen sie „Thoms Wandkartensammlung". Auf einer der Karten steht: „Das Motto des Selbstsaboteurs: Man kann nicht verlieren, was man nicht besitzt." Als ich 46-jährig über meinen alten Campus ging, stellte ich fest, dass ich mittlerweile zu einem wahren Meister der Selbstsabotage avanciert war. Glücklicherweise hatte ich mir inzwischen Hilfe gesucht, um einen Weg aus der Negativität zu finden, die mein Leben beherrschte. Ich hatte Jahre in verschiedenen Therapien verbracht, war dabei, meinen Alkoholismus zu überwinden, und hatte meine Depressionen medikamentös behandeln lassen. Unterdessen hatte ich vielen anderen geholfen, dasselbe zu tun, und ich hatte mir sogar meinen Traum, Schriftsteller zu werden, erfüllt. Kurz: Ich war ein gutes Stück vorangekommen. Und dennoch, als ich an diesem Abend über den Campus ging, konnte ich mich des Eindrucks nicht erwehren, dass ich mich so sehr nun auch wieder nicht verändert hatte. Obwohl ich nicht verstand, warum, konnte ich die leise Stimme in mir buchstäblich hören, die sagte: „Thom, du hast immer noch Angst."

Diese leise Stimme – wer immer oder was immer sie sein mochte – sprach nicht davon, dass ich angesichts des bevorstehenden Vortrages nervös wäre. Sie redete vielmehr davon, dass Angst ein zentrales, möglicherweise sogar dominantes Element meiner Identität ausmachte. Und das brachte mich dazu, noch weiter als nur 25 Jahre zurückzureisen.

Ich erinnerte mich daran, welche Ängste ich als Kind gehabt hatte – dass meine Eltern sterben könnten, dass ich beim Buchstabierwettbewerb in der Schule versagen und dass uns jederzeit eine Atombombe oder ein Tornado treffen könnte. Ich erinnerte mich ebenfalls an meine Ängste als Heranwachsender – dieses beklemmende Gefühl, dass meine Erfolge, auf welchen Gebieten auch immer, auf Betrug basierten, und ich mit der ständigen Bedrohung lebte, als Schwindler entlarvt zu werden. (Dieses Phänomen begleitete mich übrigens noch weit in mein Erwachsenenleben hinein.) Ich erinnerte mich, welche Angst ich hatte, ein Mädchen, irgendeines, zum Abschlussball einzuladen. Ich erinnerte mich, wie ich die Chance ausschlug, einen Sommer lang mit einer Varieté-Truppe auf Tournee an der Ostküste und in Kanada zu gehen, weil ich mich nicht von zu Hause wegtraute. Und ich erinnerte mich, wie ich im letzten Jahr der Highschool erstmals herausfand, dass Alkohol meine Ängste vorübergehend verdrängen konnte.

All diese Erinnerungen kamen mir binnen weniger Sekunden. Mein Gehirn griff in einer Geschwindigkeit auf die umfassendsten Speicherdateien zu, die jede moderne Computertechnologie in den Schatten stellten. Ich dachte: „So muss sich das anfühlen, was Leute beschreiben, die dem Tod nahe waren und ihr Leben an sich vorüberziehen sahen." Ich dachte an die Ängste meines Erwachsenenlebens und an meine ständigen Versuche zurück, meine Angst mit Alkohol zu löschen, wie man ein Feuer mit Wasser löscht. Ich entsann mich meiner hehren Absichten, Bücher zu schreiben, ein guter Partner zu sein und später ein guter Ehemann, die sämtlichst von meiner Angst vergiftet wurden. Ich erkannte, wie ich meine Angst hinter Zorn und Zynismus verbarg, und wie meine äußersten Anstrengungen sich immer darauf konzentriert hatten, zu leugnen und vor der Angst davonzulaufen.

Ich nehme meine persönlichen Erfahrungen nicht in dieses Buch auf, weil ich mir einbilde, mich besonders schwierigen und unüberwindbaren Hürden gestellt zu haben. Wie der Leser feststellen wird, haben viele meiner Klienten Geschichten vorzuweisen, die weit überzeugender und beeindruckender sind als meine. Ich sehe meine Beispiele eher als solche für die typische, durchschnittliche, westliche, neurotische Erfahrung mit Angst. Seit Jahren halte ich Vorträge vor Publikum und bin dabei noch nie Menschen begegnet, die sich nicht wenigstens mit einigen meiner Angstkonflikte identifizieren konnten. Selbstzweifel, Zorn und Perfektionismus sind Erscheinungsformen, mit denen die meisten vertraut sind.

Ich glaube, Angst ist eine schlechte Angewohnheit, die wir fast alle teilen. Vielleicht ist sie eine Begleiterscheinung unserer technisch effizienten Umwelt, sprich: wir haben möglicherweise zu viel Zeit.

Vor einigen Jahren, kurz nachdem meine Frau und ich auf unsere Farm außerhalb Nashvilles gezogen waren, erlebten wir einen außergewöhnlich schweren Eissturm, der uns für über eine Woche von der Außenwelt abschnitt, ohne Strom und Telefon. Unsere Menagerie bestand aus Hunden, Katzen, Hühnern, Enten, Ziegen und sicherheitshalber sogar ein paar Pferden. Im Grunde genommen habe ich eine zweite Ellie Mae Clampett zur Frau – sprich: ich habe in ein Leben voller unterschiedlichster Kreaturen hineingeheiratet. Und diese gute Woche, die wir auf unserer Farm praktisch isoliert waren, erwies sich als ausgesprochen lehrreich.

Morgens wachten wir vor dem Kamin auf (da die Temperaturen deutlich unter dem Gefrierpunkt lagen, zogen wir es vor, hier zu schlafen), türmten neue Scheite aufs Feuer und begannen mit der morgendlichen Routine der Tierfütterung, wobei wir regelmäßig die Eisschicht zerschlagen mussten, die sich auf den Wassertrögen bildete. Unser Haus befindet sich auf einem Hügel, und der Weg zu den Ställen ist sehr steil, so dass wir mehrmals täglich eine halsbrecherische Schlitterpartie unternehmen durften. Unsere Welt schien während dieser Woche wie eine einzige große Eisplatte.

Nach der Morgenfütterung kehrten wir an den Kamin zurück, bis wir wieder ein Gefühl in Händen und Füßen hatten, ruhten einen Moment aus und aßen anschließend zu Mittag. Am frühen Nachmittag erwarteten uns die nächsten Pflichten – unter anderem das neugebildete Eis auf den Wassertrögen zu zerschlagen. Aber uns blieb auch ein wenig Zeit zum Reden und Spielen, bevor die nächste Fütterung anstand. Wir wollten alles vor Einbruch der Dunkelheit erledigen, weil die Arbeit bei Tageslicht einfacher war und es nach Sonnenuntergang noch kälter wurde.

Sobald die Sonne untergegangen und das Feuer im Kamin mit weiteren Scheiten gespeist war, luden wir unsere Hunde und Katzen ein, uns auf unserem Kissen- und Deckenlager Gesellschaft zu leisten. Dakota, unser Golden Retriever, erfreute sich dabei besonderer Beliebtheit, weil er so schön warm war. Wir hatten zu der Zeit nur zwei Hunde, aber die Nächte waren so kalt, dass drei wahrlich nicht geschadet hätten.

Meine Frau Dede und ich verbrachten die Abende redend oder lasen bei Kerzenlicht oder Taschenlampenschein, doch meist waren wir so müde und durchgefroren, dass wir sehr früh schliefen. Am nächsten Morgen begann die Tagesroutine wieder von vorn.

Ein paar Monate nachdem das Eis geschmolzen war, unterhielt ich mich mit einem Freund über diese eine Woche, in der wir von Mutter Natur zu körperlicher Arbeit bei eisigen Temperaturen verdonnert gewesen waren, und ich stellte fest, dass ich während jener Tage nichts von der Niedergeschlagenheit, den Ängsten und Sorgen verspürt hatte, die normalerweise fest zu meinem Alltag gehörten. Ich hatte mich zwar darüber beklagt, wie lästig viele der Arbeiten waren und wie ungemütlich vieles war, aber ich habe mir die ganze Woche lang keine Sorgen gemacht. Zwar hoffte ich auf die Rückkehr der Stromversorgung (mein Telefon vermisste ich überhaupt nicht), aber ich verbrachte meine Tage nicht damit, angstvoll in die Zukunft zu schauen, mich mit Listen von Dingen verrückt zu machen, die ich erledigen musste, über Telefonate nachzudenken, die ich führen müsste, oder über Klienten, mit denen ich Termine hatte ... morgen.

Im Gegensatz zum Besuch meiner alten Universität, der mich 25 Jahre zurückkatapultierte, versetzte mich dieses Erlebnis ganz und gar in die Gegenwart. Es war die zen-ähnliche buchstäbliche „Schlag-Holz-und-hol-Wasser"-Erfahrung. Und seither ist mir klar geworden, dass die Depressionen und Ängste, die so viele von uns als natürliche Begleiterscheinungen unseres Alltags akzeptieren, alles andere als natürlich sind. (Ein sehr wichtiger Aspekt war, dass Dede und ich während dieser Woche nicht nur fest in der Gegenwart verankert waren, sondern dass wir – wahrscheinlich erstmals in unserem Erwachsenenleben – nicht unter Schlafmangel litten.) Wenn ich morgens aufstehen musste, weil Feuerholz nachgelegt werden musste und Dede, die Tiere und ich Essen und Trinken brauchten, waren die einzigen Probleme, mit denen ich mich beschäftigen musste, die gegenwärtigen, die ich eines nach dem anderen löste. Mein Tyrann war fort, und mein Verbündeter leistete hervorragende Arbeit, indem er mich von einer notwendigen Aufgabe zur nächsten begleitete.

Bisweilen mache ich meine Klienten darauf aufmerksam, dass keiner von uns ein Problem hat, während wir in meinem gut beleuchteten und klimatisierten Büro sitzen, sobald es uns gelingt, uns auf die Gegenwart zu konzentrieren – auf den Stuhl, in dem wir sitzen, und die Anwesenheit des Menschen, mit dem wir zusammen sind. Wir können mühelos zurückschauen und uns unseren Reue- und Schuldgefühlen zuwenden, oder auch angstvoll nach vorn blicken, aber im Augenblick selbst gibt es kein Problem. Dasselbe trifft für den Leser zu, während er diese Zeilen liest. Mit Ausnahme von möglichen physischen Belastungen (z.B. körperlicher Schmerzen oder emotioneller Beeinträchtigungen aufgrund fehlerhaften Stoffwechselfunktionen des Gehirns), erleben wir im Moment keine beunruhigenden Zustände, sondern müssen uns aus der Gegenwart hinausbegeben, um sie zu empfinden.

Ich habe keineswegs vor, die potenziellen Lösungen für unseren Kampf mit der Angst übertrieben vereinfacht darzustellen, sondern möchte lediglich einen wichtigen Punkt klären: *Die überwiegende Mehrzahl unserer emotionellen Leiden entspringt unserer Vorstellung von uns selbst und unseren Lebensumständen, anstatt diesen Umständen an sich.*

Das Gebäude der Studentenverbindung zählte zu den älteren auf dem Campus. Während ich darauf zuging, konnte nur ich die Hunderte von Erinnerungen sehen, die noch darin lebten. Für die gegenwärtigen Studenten war alles wie immer und ich war für sie nur irgendein alter Knabe, der darin herumspazierte.

Meine leise Stimme wurde nun lauter und gewann an Präsenz. Ich kannte dieses Gefühl schon. Bereits vor meiner Zeit auf dem Austin-College spürte ich, dass irgendetwas oder irgendjemand in mir arbeitete, besonders wenn ich schrieb. Ich weiß, wie befremdlich sich das anhört. Doch bevor jetzt jemand das Buch zuschlägt und stöhnt, „Ach du Schande, als Nächstes wird er mir erzählen, er wäre ein Medium", möchte ich den Leser bitten zu verstehen, warum ich mir nicht sicher war, was oder wer das sein konnte. Im Laufe der Jahre habe ich an manches geglaubt und manches verworfen, was diese

Erfahrung betrifft. Was ich allerdings nicht leugnen kann, ist, dass irgendetwas in mir steckt, das weiser ist als ich. Vielleicht steckt es tief in meinem Bewusstsein vergraben, wo sich eine Weisheit findet, über die ich normalerweise nicht verfüge. Wie dem auch sei, ich kann jedenfalls behaupten, dass ich jedes Mal hundertprozentig davon profitierte, wenn ich diese Gegenwart fühlte. Ein Gespräch mit Gott? Ein Geist, der mich führt? Ein toter Verwandter, der gerade nichts Besseres zu tun hat? Oder einfach der klügere Teil meines gemeinhin überlasteten Verstandes? Ich bin sicher, dass die Antwort unerheblich ist, so lange ich nur gewillt bin, dieser Stimme zuzuhören.

Wer oder was auch die Ursache dieser Stimme sein mag (sie ist eigentlich eher ein komprimiertes Gedankengebilde, das ich nicht mit wirklichem Klang assoziiere), es war eindeutig an diesem Abend auf dem Campus bei mir.

„Thom, du hast immer noch Angst", sagte sie. „Angst hat immer noch zu viel Macht über dein Leben."

Dieses Erlebnis war nicht einfach ein Ausbruch von Selbstkritik. Es entsprach vielmehr einer Art Wirklichkeitsüberprüfung. Ich wusste ja, dass mein Leben aus mehr bestand als nur aus Angst. Ich hatte nicht vergessen, welche Hindernisse ich überwunden oder welchen Mut ich bewiesen hatte, als ich mich einigen der dunkelsten Punkte in meinem Bewusstsein zuwandte. Ich war seit zwölf Jahren trockener Alkoholiker und wurde seit sechs Jahren erfolgreich gegen Depressionen behandelt. Ich hatte eine gut eingeführte Praxis als Therapeut, in der ich anderen durch schwierige Phasen half und sie zu neuen Erkenntnissen anleitete, die ihnen ermöglichten, ihr Leben zu verändern. Ich hatte mehrere Bücher geschrieben und mir damit einen Lebenstraum erfüllt. Meine erste Ehe war gescheitert, doch nun lebte ich glücklich verheiratet in einer intakten und erwachsenen Beziehung. Trotzdem war die Angst noch genauso da, wie sie immer da gewesen war.

Bei allem, was ich erreicht hatte und wofür ich dankbar war, erkannte ich doch, über wie vieles meine Angst nach wie vor die Kontrolle hatte. Obwohl ich mich in manchen Dingen von dem jungen Mann unterschied, der 25 Jahre zuvor seinen Abschluss am Austin-College gemacht hatte, hatte ich immer noch eine Menge mit ihm gemein.

Während ich nun vom einen Ende des Universitätsgeländes zum anderen und zurück wanderte, saß ich im Geiste wieder im Hörsaal. Vergessen wir die Vorlesung, die ich halten würde, und wenden wir uns der zu, die ich scheinbar zu hören bekommen sollte. Auch wenn ich nicht recht beschreiben kann, wie es genau funktionierte, möchte ich hier die Worte zitieren, dich ich hörte oder fühlte oder beides:

Pass gut auf und hör genau hin. Sehen wir uns einmal an, was passiert, wenn Angst die Kontrolle übernimmt.

Wenn du dich deiner Angst überlässt, kannst du nie richtig entspannen, deine Abwehrhaltung ablegen und wirklich du selbst sein. Du kannst dich nicht öffnen, weil du Angst vor dem hast, wie die Menschen auf dein wahres Ich reagieren könnten. Wenn deine Angst das Kommando übernimmt, entgeht dir diese Chance, denn sie gestattet keine Ehrlichkeit, verachtet Spontaneität und weigert sich, an dich zu glauben. Deine Angst mag es gut mit dir meinen, doch sie zerstört dich, indem sie dich zu sehr beschützt und darauf besteht, dass du in deinem Versteck bleibst, dich im Hintergrund hältst. Dabei verspricht sie dir, dass deine Zeit kommen wird ... irgendwann später.

Deine Angst ist kühn und verlangt von dir, schüchtern zu sein. Solltest du dich dennoch vorwagen, wirst du die Hölle erleben: Deine Angst wird ihren engsten Verbündeten auf den Plan rufen, die Scham, die dir am Ende deines Wagnisses entgegentritt und dir erzählt, was du nicht hättest tun dürfen. Angst stellt dir Fallen, zwingt dich zu Boden, vernichtet dich mit

Bosheiten und tut einfach alles, um dich zu bremsen. In dieser Beziehung kennt die Angst keine Furcht.

Und deine Angst wird so lange weitermachen, wie du sie lässt. Sie wird niemals freiwillig zurücktreten oder etwas von ihrer Autorität hergeben.

Deine Berufung ist es, ein Leben zu leben, das nicht von der Angst beherrscht ist. Um das zu erreichen, musst du dir jederzeit und in allem bewusst sein, was deine Angst dir einredet – oder besser: womit sie dir droht – und dich ihren Weisungen widersetzen. Angst kann dich nicht von deinem Platz verdrängen, und sie kann dich nicht deiner Autorität berauben. Aber wenn du es zulässt, kann sie dafür sorgen, dass du fliehst.

Lass dein persönliches Motto KEINE ANGST lauten. Sprich diese beiden Worte bei jedem Schritt, bei jedem Blick in den Spiegel und jedes Mal, wenn du aus einer Tür trittst. Frag dich jeden Morgen und immer wieder im Verlauf eines jeden Tages, was KEINE ANGST heute für dich bedeutet.

Frag dich diese Frage ... und vergiss nicht zuzuhören, welche Antwort du dir gibst.

Als ich in mein Hotelzimmer zurückkehrte, schrieb ich mir diesen Text auf und dachte darüber nach, welches die Antwort auf die Frage wäre. Was bedeutet KEINE ANGST für mich? Ich fand heraus, dass es für mich heißt, nicht mehr jeden meiner Schritte von der Angst diktieren zu lassen. Ich musste meinem Tyrannen in die Augen blicken und sagen, „Nein, du kannst mein Leben nicht kontrollieren. Ich habe hier das Sagen." Und ich erkannte, dass KEINE ANGST nicht bedeutete, „keine Angst" mehr zu haben, sondern sich vorzunehmen NEIN zur Angst zu sagen. In diesem Augenblick wurde mir klar, dass ich soeben auf liebevoll bestimmte Weise von meinem kleinen Felsvorsprung in den freien Fall gestoßen worden war. Mein

Abendspaziergang diente als Katalysator für einen brandneuen Reifungsschub.

Während ich diese Zeilen schreibe, befinde ich mich inmitten dieser Reifungsphase. Ich habe mir die Gedanken, die ich oben beschrieb zu Herzen genommen – und fest in mein Denken integriert. (Meine Wandkarte dazu lautet: „Herz und Verstand arbeiten am besten, wenn sie als gleichberechtigte Partner fungieren.") Als das unvollkommene menschliche Wesen, das ich nun einmal bin, habe ich mein Bestes gegeben, mein KEINE-ANGST-Motto an jedem Tag vor mich hinzubeten. Doch nicht minder wichtig scheint mir die Zeit, die ich darauf verwandt habe, die Entscheidungsgewalt der Angst zu hinterfragen. Sowohl in beruflicher als auch in privater Hinsicht hat mir mein Motto geholfen, wichtige neue Schritte zu wagen, und es hat mir einen neuen Blick auf die Menschen eröffnet. Die Ideen und Geschichten in diesem Buch sind meine Berichte aus dieser neuen Perspektive.

Ich hoffe, auch den Lesern neue Einblicke eröffnen zu können, indem ich sie ermutige, mein KEINE-ANGST-Motto für sich zu übernehmen und für sich Methoden zu wählen, es im Alltag allzeit präsent zu haben. Eine meiner Klientinnen, Lynn, hat die Worte „KEINE ANGST" an ihren Badezimmerspiegel geklebt und die Initialen „K.A." an ihren Kühlschrank und das Lenkrad ihres Wagens. „Die Initialen erinnern mich an das, was ich mir vorgenommen habe, ohne dass jeder andere sie gleich versteht", erklärt sie. Und wenn sie im Büro ihren Computer einschaltet, leuchtet als Erstes „K.A." auf dem Bildschirm auf.

Je häufiger wir das Motto vor uns hersagen, umso selbstverständlicher wird es für uns. Wir dürfen nicht erwarten, das Motto könnte unsere Angst ersetzen oder gar verschwinden lassen, denn das wird nicht geschehen. Wir platzieren es einfach direkt neben unserer

Angst, wobei wir stets im Kopf behalten sollten, dass meine Stimme mir sagte „deine Berufung ist es, ein Leben zu leben, das nicht von der Angst beherrscht wird." Sie sagte nichts von einem Leben ohne Angst.

Im Laufe des Tages müssen wir das Motto häufiger wiederholen, wie ein Mantra. Ob man sich dabei eine wirkungsvolle spirituelle Übung vorstellt oder einfach etwas, das man sich dann und wann selbst zumurmelt, ist gleichgültig, so lange man es sich zur Gewohnheit macht. Bevor wir etwas anfangen, was für uns stressbelastet ist – einen Vortrag halten, mit dem Chef reden, sich einer Auseinandersetzung mit einem Freund oder einem Verwandten stellen – schließen wir die Augen für einen Moment, holen ein paar Mal tief Luft und wiederholen unser Motto mit jedem Atemzug.

Sobald wir dieses Motto verinnerlicht haben, verpflichten wir uns zu dem ersten Schritt auf unserer Stichwortliste: *Sich der Angst stellen*. Denn ironischerweise können wir das KEINE-ANGST-Motto nur aktiv umsetzen, indem wir auf unsere Angst zugehen. Wir dürfen nicht erwarten, all das auf Anhieb zu verstehen, wie wir auch nicht davon ausgehen können, die Angst aus unserem Leben zu vertreiben. Wir streben einen Fortschritt an, keine Perfektion.

Genau wie meine Leser bin auch ich in einem Fortschritt begriffen. Als Therapeut, Lehrer, Autor und Mensch kann ich nicht vorgeben, mehr zu sein. Ganz abgesehen davon gingen mir diese Selbsthilfegurus von jeher gewaltig auf die Nerven, die aus der „Als ich einst so beschissen drauf war wie du"-Warte schreiben und lehren. Wie mir überhaupt jeder auf die Nerven geht, der die Subjektivität individueller Erfahrung leugnet, indem er behauptet, die Antwort für uns alle parat zu haben.

Was persönliche Reifung angeht, habe ich mich vor langer Zeit von der Illusion verabschiedet, jemals so etwas wie Vollendung zu erreichen. Deshalb steht auch auf einer meiner Karten: „Alle Dinge, die in und um dich herum in Aufruhr sind, beweisen dir, dass du noch am Leben bist." Es wird immer mehr zu tun geben. Und wie wir in einem der späteren Kapitel sehen werden, hat jeder von uns seine speziellen Themen, die in den Lektionen unseres Lebens stets wiederkehren. Häufig – wenn nicht sogar immer – steht Angst bei diesen Themen im Mittelpunkt der Lektionen. Und indem wir aus ihnen lernen, unsere Beziehung zur Angst zu verändern, setzen wir eine Wellenbewegung in Gang, die praktisch alles verändern kann.

Wenn ich meine persönlichen Erfahrungen und meine Arbeit mit anderen beschreibe, tue ich das mit dem Ziel, meine Leser zum Denken, Fühlen und Entdecken anzuregen. Wir alle haben Stimmen in unseren Köpfen, die zu uns sprechen. Und sollte es mir gelingen, die Stimmen meiner Leser ein kleines Stück auf dem Weg zu unterstützen, werte ich das als Erfolg.

Am darauf folgenden Morgen habe ich mir mein neues Motto in Erinnerung gerufen, noch bevor ich meine Brille aufsetzte und mir die Zähne putzte. Ich hielt meinen Vortrag vor Studenten und Lehrkräften, und die alten Freunde, die ich wiedersah, sprachen mich darauf an, wie sehr ich mich verändert hätte – wobei sie sich auf meinen Vortrag über Selbstmitleid und persönliche Verantwortung bezogen und nicht etwa auf meine Hüften und meine Haarfarbe. Was sie nicht wussten, war, wie sehr ich dank meines neuen Mottos gerade begann, mich zu verändern.

Später an diesem Tag scherzte ich mit einem meiner ehemaligen Psychologieprofessoren über einen Traum, den ich seit meinem College-Abschluss häufiger träume. In diesem Traum bin ich verzweifelt, weil ich vergessen habe, mein Postfach auf dem Campus zu leeren. Ich weiß, dass darin etwas liegt, was ich dringend brauche, kann aber nicht mehr herankommen, weil ich kein eingeschriebener Student mehr bin. Erst jetzt, während ich schreibe, fällt mir auf, dass der Traum sich wahrscheinlich nie mehr wiederholen wird. Ich habe ihn seither nie wieder geträumt. Tatsächlich habe ich etwas Wichtiges – eine Nachricht von jemandem – zurückgelassen, nachdem ich meinen Abschluss gemacht hatte. Und nun, 25 Jahre später, bin ich zurückgekehrt um mir jene Nachricht abzuholen, die dort die ganze Zeit für mich gelegen hatte: KEINE ANGST.

Am nächsten Tag flog ich zurück nach Nashville und dachte über meinen Spaziergang nach. „Sehen wir uns einmal an, was passiert, wenn Angst die Kontrolle übernimmt", hatte meine Vorlesung begonnen. Ich dachte an mein Leben und meine Arbeit mit anderen. Und worauf ich gestoßen war, schien mir plötzlich ganz einfach, ja beinahe beschämend einfach. Doch jedes Mal, wenn ich versuchte, es aus einer anderen Warte zu betrachten, kam ich zu dem selben Schluss wie jemand, der immer wieder 2 + 2 addiert, um etwas anderes als 4 herauszubekommen. Meine Antwort lautete stets gleich: Die Beziehung, in der wir zu unserer Angst stehen, bestimmt unser Leben, und vielleicht ist sie sogar die Essenz unseres Seins.

Die Angst zu besiegen ist der Anfang aller Weisheit.
Bertrand Russell

3

Mit Kirby in die Schule gehen: Sich großer Angst stellen

Als mein Patensohn Wynn sechs Jahre alt war, wusste er, dass sein Vater jeden Tag zur Arbeit ging und Anwalt war. Nun wollte er wissen, was ich jeden Tag tat. Wohin ging ich zur Arbeit? Was machte ich dort?

Ich erzählte ihm von meinem Arbeitstag als Psychotherapeut in Worten, die ich für einen Sechsjährigen angemessen hielt, woraufhin er meine Worte in bester Therapeutenmanier paraphrasierte: „Die Leute kommen dich besuchen."

„Ja", sagte ich, „das stimmt."

Was habe ich doch für einen tollen Job! Mich kommen Leute besuchen. Meine Arbeit besteht darin, Gespräche zu führen – interessante und sinnvolle Gespräche, für die ich bezahlt werde.

Denke ich genau über meine Berufswahl nach, fällt mir eine andere Beschreibung dessen ein, was ich tue: Ich stehe den Leuten bei, wenn sie sich ihrer Angst stellen. Ich helfe ihnen, den Kopf hoch zu halten und direkt auf die Mauern zu sehen, die ihre Angst entworfen und um sie herum errichtet hat. Und sobald sie bereit dazu sind, helfe ich ihnen die Worte „Keine Angst" auszusprechen. Ich ermutige sie, die Hände gegen die Mauern zu stemmen und fest dagegen zu drücken. Viele Menschen in meinem Leben – Freunde, Lehrer, Kollegen und meine eigenen Therapeuten – haben dasselbe für mich getan. Und dafür bin ich ihnen unendlich dankbar.

Seit 20 Jahren begleite ich Männer und Frauen, die sich Ängsten unterschiedlichen Ausmaßes stellen – kleinen, mittleren und großen. Auch die Lebensumstände, mit denen diese Ängste einhergehen, variieren, angefangen bei dem jungen Mann, der zu mir kam, um sein Selbstvertrauen zu stärken, nachdem er befördert worden war, bis hin zu Klienten, die an den Folgen schweren Missbrauchs in ihrer Kindheit litten, oder solchen, die fürchterliche Verluste hinnehmen mussten.

Viele, wenn nicht sogar die meisten, kämpften mit einem angeschlagenen Selbstwertgefühl. Das äußerte sich in der Mehrzahl der Fälle darin, dass sie ihre Probleme für unwichtiger hielten als die anderer. Nun mag man zwar zu Recht behaupten, dass sonntägliche Panikattacken und Montagmorgendepressionen weniger ernste Probleme sind als posttraumatische Störungen, die auf frühkindlichen Missbrauch zurückgehen, doch die Konsequenzen sind nicht minder real.

Wer also der Meinung ist, seine Probleme mit anderen vergleichen zu müssen, sollte einmal Folgendes bedenken: Angst, die sich in schwacher, aber chronischer Nervosität äußert, ist zumeist nur die Spitze eines Eisberges. Gehen wir ihr auf den Grund, führen uns die Sonntagspanik und die Montagsdepression normalerweise zu tieferen Ängsten davor, wer wir sind, was wir aus unserem Leben machen und sogar, inwieweit dieses Leben überhaupt noch einen Sinn hat. Wer sich selbst zu schnell aburteilt, beraubt sich der Chance, die größeren Ängste zu entdecken. Sie verbergen sich hinter der ständigen Besorgtheit, mit der wir uns mehr schlecht als recht arrangiert haben. Um auf unsere Stichworte zurückzukommen: Sobald wir imstande sind, uns unserer Angst zu stellen, ist der nächste Schritt der, sie zu erkennen. Zu meinem Job gehört es sicherzustellen, dass wir unter die Oberfläche vordringen, damit wir wirklich von innen nach außen heilen können, statt immer nur ein weiteres Heftpflaster auf das gebrochene Bein zu kleben. Oder, wie ein Motto auf meiner Wand lautet: „Reifung findet immer von innen nach außen statt."

Ich benutze eine einfache Technik, mit der ich den Menschen helfe, ihre größeren Ängste zu entdecken. Sie ist ein echter Zeitsparer, und ich nenne sie „die Leiter hinunterklettern". Dabei führe ich die Klienten mit unvollständigen Sätzen, die sie vervollständigen müssen, buchstäblich von Sprosse zu Sprosse. Und das funktioniert wie folgt.

Ich fragte Matthew, der sich vor einer beruflichen Veränderung fürchtete: „Wovor fürchten Sie sich?"

Matthew antwortete: „Ich habe Angst davor zu versagen, weil ich dafür eine erfolgreiche und stabile Karriere aufgebe."

Nun hole ich die Leiter hervor, damit Matthew hinabklettern und mehr über seine Angst herausfinden kann. „Ich möchte, dass Sie meine Sätze mit dem vervollständigen, was Ihnen als Erstes in den Sinn kommt. Wenn ich mich beruflich verändere und versage, dann …"

„… werde ich mich schrecklich fühlen", ergänzte Matthew.

Dann führte ich ihn zur nächsten Sprosse: „Wenn ich versage und mich schrecklich fühle …"

„… wird meine Frau mir das nie verzeihen."

„Wenn meine Frau mir das nie verzeiht …"

„… werde ich sie verlieren."

„Wenn ich sie verliere …"

„… werde ich allein sein." Matthews Schultern sackten sichtlich herab, und er senkte den Blick. Er fühlte das „Alleinsein". Und seine Körpersprache verriet mir, dass wir hier bei der großen Angst angelangt waren.

Ich fuhr fort: „Wenn ich allein bin …"

Matthew machte eine Pause. Ich konnte ihm förmlich ansehen, wie ihn tiefe Traurigkeit erfasste, und als er antwortete, sprach er sehr langsam. „Wenn ich allein bin", nun sackten seine Schultern noch weiter herab, „bin ich ein Nichts."

Ich beschloss, ihn noch eine Sprosse tiefer zu führen. „Wenn ich ein Nichts bin ..."

„... wird mein ganzes Leben wertlos gewesen sein."

Anhand der „Leiter" können Matthew und ich weitermachen und zweifellos mehr über seine Angst erfahren, doch an dieser Stelle hatten wir bereits einiges, womit wir arbeiten konnten.

Matthew ist 45 Jahre alt und erfolgreicher Personalchef in einem ziemlich großen Unternehmen. Er überlegt, sich als Berater und Personaltrainer mit Schwerpunkt Konfliktberatung selbstständig zu machen. Er ist ein sehr gründlicher, beinahe ein bisschen verbissener Mann, der seine Hausaufgaben in Vorbereitung auf den geplanten Karriereschritt bereits gründlich gemacht hat – einschließlich Kontaktierung potenzieller Kunden. Zwar kommt bei Entscheidungen wie diesen für jeden natürliche Angst ins Spiel, doch die Angst, die sich ihm in den Weg stellt, ist neurotisch – sein Tyrann hat ihn im Griff.

Matthew ist keineswegs von der verständlichen Furcht gelähmt, dass sein eigenes Unternehmen scheitern könnte, sondern von der weit stärkeren, dass im Falle eines Scheiterns seine Frau ihn verlassen könnte, er allein zurückbliebe und sein ganzes Leben damit vergebens gewesen wäre. Wenn das keine großen Ängste sind! Wer kann in dieser Situation den Verbündeten vom Tyrannen unterscheiden?

Ohne die „Leiter" hätten Matthew und ich einiges an Zeit vergeudet, und einiges von seinem Geld, indem wir uns mit seiner Angst vor der beruflichen Veränderung beschäftigten, als gründete sie tatsächlich in der Furcht vor einem Scheitern seiner eigenen Firma. Dank der „Leiter" aber haben wir gleich zwei unserer vier Schritte ins Spiel gebracht: sich der Angst stellen und die Angst erkennen.

Wenn man sich festgefahren und unsicher fühlt, sollte man sich fragen, „Wovor habe ich Angst?" Wie in unserer Fallbeschreibung nehmen wir die erste Antwort, die uns daraufhin einfällt, und gehen von ihr aus die Leiter weiter herunter. Wir laufen nicht vor unserer Angst davon, sondern stellen uns ihr. Wir machen uns auf die Suche nach dem stärksten und bedrohlichsten Teil unserer Angst, indem wir unsere Leiter hinabsteigen. Ein Problem lässt sich am ehesten lösen, wenn wir es genau definieren können. Die Angst vor einem geschäftlichen Misserfolg und die vor einem verschwendeten Leben sind zwei vollkommen verschiedene Probleme. Und nachdem wir die nötigen Informationen gewonnen hatten — über die eigentliche Angst Matthews — konnten wir uns zu den nächsten beiden Schritten auf unserer Stichwortliste aufmachen und ihn freimachen, seine Entscheidungen auf der Basis seines Fachwissens und nach seinen wahren Bedürfnissen zu treffen.

Matthew hat seine tieferen Ängste vor dem Alleinsein und einem vergeudeten Leben noch weiter erforscht. Nachdem er herausgefunden hatte, dass diese Ängste auf Kindheitserlebnisse zurückgehen, konnte er akzeptieren, dass sein Tyrann ihn mit veralteten Ängsten terrorisierte. Und er war imstande, auf die neurotische Angst seines Tyrannen zu reagieren, indem er den Unkenrufen widersprach und dagegenhielt, dass er selbst im schlimmsten Fall — einem Scheitern in der Selbstständigkeit — nicht allein sein müsste und sein Leben nicht vergebens wäre. Matthew konnte daraufhin seine Pläne eines eigenen Beraterunternehmens weiter vorantreiben, wobei er sich dessen voll bewusst war, dass sein Tyrann auch in Zukunft versuchen würde, ihn mit seinen schlimmsten Ängsten zu sabotieren.

Wer seine neurotischen Ängste identifiziert und sich ihnen stellt, erreicht zweierlei. Zum einen verringert sich dadurch die Chance unseres Tyrannen, mit einem Überraschungsangriff durchzukommen, da wir ja wissen, wo er steckt und was er uns einzureden versucht. Und zum anderen erschüttern wir seine Glaubwürdigkeit, indem wir uns ihm entgegenstellen, ihm fest in die Augen sehen und sagen: „Okay, ich höre dir zu. Sag mir nochmal, was mir alles Schreckliches passieren wird, wenn ich nicht auf dich höre. Und sieh zu, dass es richtig gruselig klingt."

Wenn ich richtig aufpasse, wie es mir meine leise Stimme befahl, kann ich von jedem Menschen, mit dem ich arbeite, etwas lernen. Matthews Geschichte ist ein gutes Beispiel dafür, wann die beste Strategie die ist, unseren Ängsten auf den Grund zu gehen, sie auf ihre Glaubwürdigkeit hin zu überprüfen und unser schwindendes Vertrauen in sie dazu zu nutzen, ihnen die Macht über uns zu nehmen. In anderen Fällen ist die Angst, die wir erleben, keine leere Drohung, sondern vollkommen legitim. Und das beste Beispiel dafür sind die zwei Jahre, während derer ich wertvolle Dinge über das Leben, und über den Tod, von einer bemerkenswerten Frau namens Kirby lernen durfte.

Draußen im richtigen Leben würde der neutrale Beobachter sagen, ich war der Psychotherapeut und Kirby meine Klientin. Ich war der Ladenbesitzer und sie die Kundin. Und was die offizielle, allgemein akzeptierte Auffassung angeht, war dem auch so – von Anfang bis Ende.

Im richtigen „richtigen" Leben allerdings, wo meist die Grauzonen besonders nah an der Wahrheit sind, ließen sich unsere Rollen nicht so einfach definieren. Manchmal war Kirby die Therapeutin und ich der Klient. Manchmal war ich der Schüler, manchmal sie. Doch einen Großteil der Zeit waren wir Klassenkameraden. Ihr Krebs war unser wirklicher Lehrer.

Es gab Zeiten, in denen ich mich fühlte, als müsste ich mich dem Tod stellen, und in gewisser Weise traf das sogar zu – wenn auch auf eine gänzlich andere und sicherere Art als es für Kirby zutraf. Sie wollte sich über viele Dinge klar werden; es ging um „Sein oder Nichtsein". Und es war ein beständiger Austausch, von dem wir beide profitierten. Ich half ihr, sich offen und ehrlich der Debatte mit sich selbst zu stellen, und sie brachte mir bei, wie man stirbt. Genauer: Sie brachte mir bei, dass, wenn meine Zeit gekommen ist, ich es ebenso gut mit ein bisschen Würde tun kann.

Einige Monate nach der Diagnose stellten Kirby und ich fest, dass sie in Bezug auf ihr Leben zwei diametral entgegengesetzte Standpunkte einnahm. Um diesem Zwiespalt auf den Grund zu gehen, haben wir eine Technik aus der Gestalttherapie angewandt: Kirby wanderte zwischen zwei Stühlen hin und her und spielte die beiden gegensätzlichen Ansichten durch, die für sie buchstäblich zu einer Frage von Leben und Tod geworden waren.

Der eine Teil von Kirby wollte leben, trieb sie von Arzt zu Arzt, von einer Therapieform zur nächsten. Dieser Teil meditierte, betete und wurde allmählich zu einer wandelnden Enzyklopädie aller Informationen über Krebs und Krebsbehandlungen. Und dieser Teil sprach von ihrem tiefen Wunsch, sich aus den alten, überkommenen Glaubensmustern zu befreien, die man ihr als Kind eingeimpft hatte. Kirby hatte bereits beachtliche Fortschritte gemacht, was die Loslösung vom rigiden, negativen Denken ihrer Eltern anging. Sie war aufgeklärt, gab Meditationskurse und erforschte viele interessante Methoden spiritueller und metaphysischer Übungen. Sie war eine gebildete und offene Frau, worin sie sich deutlich von ihrer Mutter unterschied. Und dieser Teil Kirbys, der leben wollte, war eher verwirrt als entmutigt durch den hartnäckigen Krebs. „Warum taucht so ein gewaltiges Hindernis ausgerechnet dann auf, wenn ich endlich bereit bin, ein Leben zu leben, wie ich es nie zuvor wagte?" fragte sie mich eines Tages.

„Ich habe keine Ahnung", antwortete ich. Na, das dürfte selbst den wohlmeinendsten Leser davon überzeugt haben, wie es tatsächlich um meine überlegene Weisheit steht, oder?

Der andere Teil Kirbys, der auf dem anderen Stuhl sitzen sollte, wollte, dass sie stirbt. Oder zumindest dachten wir das anfangs. Aber wie so häufig bei der Zwei-Stühle-Übung, dachte Kirby plötzlich ganz anders, als sie sich auf diesen Stuhl setzte. Es sprach eine vollkommen andere Kirby als die, die ich kennen gelernt hatte. Und – wie es bei dieser Übung ebenfalls häufig geschieht – selbst ihr Ton und die Stimmlage veränderten sich.

Dieser Teil betrachtete ihre Situation aus einem gänzlich anderen Blickwinkel, aber er war nicht „Anti-Kirby". Er war kein Gegner Kirbys, sondern einfach anders. Dieser Teil fügte sich ebenso wenig den negativen Denkweisen ihrer Familie. Er war schlicht müde und wollte, dass Kirby aufgab – um sich auszuruhen. Er nahm die Fortschritte wahr, doch sie genügten ihm nicht. Ständig erinnerte er daran, wie viel noch vor ihr läge und wie beschwerlich ihr Leben trotz aller Fortschritte sein würde. (Kirby hatte jahrelang mit Depressionen gekämpft, und ihr Wunsch nach einer Partnerbeziehung war gründlich enttäuscht worden.)

Kirby beschrieb diesen Teil von sich als ihren „permanent wunden Hintern", und sie fand es ziemlich faszinierend, dass ihr Krebs sich zunächst als Dauerschmerz im unteren Wirbelsäulenbereich äußerte. Ich stellte ihn mir eher wie einen brillanten Anwalt vor, der eine endlose Kette von Indizienbeweisen beibringt und ein flammendes Plädoyer hält – für die Todesstrafe. Kurz: dieser Teil Kirbys konnte jede Party mit einem Schlag ruinieren, weshalb sie ihn bisweilen auch mit „Partykiller" titulierte.

An manchen Tagen unterhielten wir uns nur und warteten, wohin uns das Gespräch brachte. An anderen Tagen wanderte Kirby zuversichtlich von einem Stuhl zum anderen und spielte den Dialog nach, der in ihrem Innern stattfand. Eines Tages dann (ich weiß nicht einmal mehr, wer von uns es zuerst bemerkte) hatten wir das Problem gefunden. Über unseren Köpfen blinkten kleine Glühbirnen auf. Wir beide hatten bisher einen wichtigen Punkt übersehen: beide Teile Kirbys wollten leben. Ja, im Grunde bezweckten sie beide dasselbe. Das Problem drehte sich nicht um Leben oder Sterben, sondern darum, dass Kirby zwei vollkommen verschiedene Definitionen von Leben hatte.

In dieser Stunde lernten wir beide eine Menge.

Kirby schöpfte neue Hoffnung angesichts dieser Erkenntnis. „Immerhin heißt es doch, die genaue Definition des Problems brächte schon zwei Drittel der Lösung, oder etwa nicht?"

„Stimmt", sagte ich, weil ich sicher war, dass das irgendwer irgendwann irgendwo gesagt hatte. Falls doch nicht, hatten wir es jetzt gesagt. Und wir glaubten daran.

Also, der Teil Kirbys, der so überzeugend fürs Sterben als einzig gangbare Option votierte, war in Wahrheit sehr spirituell orientiert. Der so genannte Partykiller fürchtete sich nicht nur vor dem Tod, sondern glaubte nicht einmal an ihn. Ironischerweise hatte sich dieser Teil während der Jahre entwickeln können, in denen Kirby Meditationsübungen machte und sich mit spirituellen Dingen befasste. Und infolgedessen verhielt er sich beinahe logisch. Erschöpft von der Mühsal menschlicher Existenz und aus Furcht vor dem, was noch kommen würde, beschloss er, weiterzuziehen zu dem, was in seiner Auffassung „ein Leben ohne die Beschränkungen, Grenzen und Belastungen physischer Existenz" war.

Bei meiner Arbeit mit Klienten muss ich oft an Kirbys widerstreitende Definitionen von Leben denken. Häufig sitzen mir Leute gegenüber, die den Tod weniger fürchten als das Leben. Das sind Menschen, die sich wenig davon beeindrucken lassen, wenn man ihnen erzählt, dass ihr Alkoholproblem, ihre Depression oder ihre

Essstörung sie das Leben kosten kann. Daher ist es wichtig, stets im Kopf zu behalten, dass der Tod manchmal kein lausiges Abschreckungsmittel sein kann, sondern vielmehr ein nicht zu unterschätzender Motivator, ob bewusst oder unbewusst. Meine Arbeit mit Kirby hat mich gelehrt, immer weiter Fragen zu stellen, sobald der Wunsch nach dem Sterben (oder die apathische Hinnahme des möglichen Todes) laut wurde.

Kirby und ich feierten unsere brillante neue Erkenntnis. Wir waren sicher, nun könnten wir den Krebs besiegen. Ich kannte mich halbwegs mit Studien und Forschungsresultaten zum Thema „Triumph des Willens über den Körper" aus, aber Kirby war eine Expertin und hielt die diesbezügliche Veröffentlichung für todsichere Beweise (das Wortspiel ist unbeabsichtigt). Sie glaubte so fest daran, dass es nachgerade ansteckend war, und es fühlte sich großartig an. Wir waren das Gewinnerteam, die vermeintlichen Verlierer, die sich entgegen allen Prognosen den Sieg holen würden. Meine Vorliebe für Analogien aus der Welt des Sports waren allerdings weniger ansteckend; Kirby wollte unsere Arbeit nicht als Wettkampf betrachten – zumindest die meiste Zeit nicht.

Wir beide rangen fortan mit der Frage, ob wir den Krebs in die Flucht lieben (schließlich waren wir beide Kinder der 60er) oder ihn lieber herausfordern und bewusstlos prügeln sollten. Zu meinen eindrucksvollsten Erinnerungen aus dieser Zeit zählt eine Sitzung, während derer wir eine Visualisierung durchführten, in die Kirby die Figur der „Terminator Mama" einbrachte.

Wir haben über dieses Bild gelacht – eine bärenstarke Frau mit Rüstung und bis auf die Zähne bewaffnet – und dabei betete ich zu jener Zeit darum, dass Kirby doch so stark sein möge, wie sie sich anhörte. Sie wurde zusehends schwächer. Sie wollte zwar noch nicht darüber reden, versuchte vielleicht noch, es zu leugnen, doch es wurde von Mal zu Mal offensichtlicher.

Für mich war das, was geschah, ein klarer Beweis meines Versagens. Ich hatte den Test nicht bestanden, und deshalb musste meine Klassenkameradin sterben. Meine Angst und mein Schuldbewusstsein kamen zu jener Zeit sehr häufig an die frische Luft.

Doch im Nachhinein denke ich, dass Kirby und ich (aus welchen Gründen auch immer) eine Klasse überspringen durften, um etwas zu lernen, das wir beide am liebsten nicht gelernt hätten.

Der Schmerz war immerzu da. Kirby beschrieb ihn als ein intensives Brennen tief in ihrem Innern, aber sie sprach nicht viel davon. Und ich bin sicher, dass ihr die Enttäuschung weit größeren Schmerz verursachte.

Mit der Zeit wurde es schwieriger und bisweilen unmöglich für sie, in meine Praxis zu kommen. Kurz bevor „Terminator Mama" auf den Plan trat, begannen wir, uns in ihrer Wohnung zu treffen. Wir verbrachten normalerweise eine bis anderthalb Stunden zusammen, je nachdem, wie sie sich fühlte. Ich erinnere mich noch an ein Mal, als sie zehn oder fünfzehn Minuten brauchte, um von ihrem Schlafzimmer bis in ihr Wohnzimmer zu gelangen, was kaum mehr als vierzehn Meter Distanz gewesen sein durften. Die Hospizschwester war an jenem Tag bei ihr, und gemeinsam mit ihr versuchte ich, Kirby zu überreden, die Sitzung in ihrem Schlafzimmer abzuhalten. Aber das wollte sie auf keinen Fall. Jeder Schritt war eine Qual. Mit ihren geschwächten Armen stützte sie sich so gut es ging auf ihren Gehwagen, und als sie schließlich im Wohnzimmer angekommen war, brach sie buchstäblich auf dem Sofa zusammen und rang nach Luft wie ein Marathonläufer am Ziel. Ich konnte nichts weiter tun als dafür zu sorgen, dass sie auf dem Sofa und nicht auf dem Fußboden landete. Ansonsten konnte ich nur dasitzen und Kirbys Schmerz zusehen – und dem Mut, mit dem sie sich ihm entgegenstellte.

Sie lächelte schwach und sagte atemlos: „Ich muss mich eine Minute ausruhen." Da sie zu erschöpft zum Sprechen war, berührte ich ihr Gesicht und ihr Haar, um den Kontakt herzustellen. An diesem Nachmittag übernahm ich das Reden, und Kirby schloss die Augen und ruhte sich aus.

Während unserer Visualisierungssitzungen gab sie sich alle Mühe, sich selbst als lebendige, gesunde Erwachsene zu sehen, die sich des wundervollen Kindes in sich annimmt. Natürlich war es nicht zu vermeiden, dass die Erwachsene dann und wann verschwand oder gar nicht erst auftauchte. Dann blieb Kirby, das Kind, allein zurück, hilflos und verzweifelt auf der Suche nach elterlichem Schutz und Liebe. Selbstverständlich ließen wir das Kind nicht im Stich. Kirby hatte sich einige sehr detaillierte Bilder geschaffen, „geistige Eltern", deren Obhut sie das Kind jeweils zum Ende der Visualisierungssitzungen anvertraute. Während der Sitzungen lernten wir beide, fest an diese spirituellen Eltern zu glauben, und wir dachten, ganz gleich was geschieht, Kirby würde überleben. Schließlich hatten wir mittlerweile begriffen, dass es mehr als eine Definition von Leben gab.

Wir tauschten Gaben aus. Anfangs schenkten wir uns gegenseitig Bücher, doch die Geschenke, die wir einander zum Ende der Therapie machten, waren anders und uns beiden überaus wichtig. Zunächst fand ich es schwierig, weil mir klar war, wie wenig Kirby materielle Gaben noch bedeuten konnte. Nun arbeitete ich zu jener Zeit an einem Hörbuchprojekt zum Thema „Selbstmitleid" (Übung bringt Übung); die Aufnahmen waren noch nicht sehr weit gediehen, also brachte ich Kirby das Skript und sagte ihr, ich würde das Projekt ihr widmen. Die Widmung hatte ich wie folgt formuliert:

Für Kirby, in Liebe, Dankbarkeit und Hochachtung.
Ihr Mut war mein Lehrmeister.

Sie lag auf ihrem Bett, zusammengekrümmt in eine Embryonal-stellung, und ihr fehlte die Kraft, die 75 Seiten länger als ein paar Sekunden zu halten. Da wies sie mich an, eine der unteren Schubladen ihrer Kommode zu öffnen, wo ich zwei schöne Kristallkugeln fand – die eine von der Größe einer Billardkugel, die andere ungefähr so groß wie ein Golfball. Kirby sagte, sie hätte lange darüber nachgedacht und beschlossen, dass ich diese Kugeln bekom-men sollte. Sie assoziierte die beiden Kristalle nicht nur mit Leben, sondern vor allem mit dem Leben auf der Erde.

Die Schulzeit neigte sich dem Ende zu, und ich würde ohne meine Klassenkameradin, meine Lehrerin und meine Schülerin auskommen müssen.

Zwei Tage später erhielt ich einen Anruf von Freunden Kirbys, die mir mitteilten, dass ihr Zustand sich dramatisch verschlechtert hätte. Ihr behandelnder Arzt war bei ihr gewesen und hatte ihr eine größe-re Dosis Morphium gegeben, um ihre Schmerzen zu lindern. Ihr Freund sagte mir, sie schliefe die meiste Zeit, wäre zwischendurch aber immer noch ansprechbar. Ich vereinbarte mit ihm, sie am nächs-ten Tag zu besuchen.

Als ich eintraf, war Kirby wach. Es war früher Abend, ungefähr halb sieben oder sieben Uhr. Ich erinnere mich jedenfalls, dass es drau-ßen gerade dunkel wurde. Kirby lag in einem Krankenhausbett, und eine Hospizschwester war da, ebenso wie einige von Kirbys Freunden. An diesem Abend hatten wir unsere letzte Sitzung.

Ich setzte mich dicht zu ihr, damit ich ihr Gesicht und ihr Haar berühren konnte. Das war unsere Form von Kontaktaufnahme geworden, seit sie sich häufiger zu schwach zum Sprechen fühlte. Ich fragte sie, wie es ihr ginge, und sie antwortete „schlecht", wobei sie sich bemühte zu lächeln. Ich schlug ihr vor, die Augen zu schließen und sich zu entspannen, so weit es ihr überhaupt möglich war. Dann fragte ich sie, ob sie sich als eine vollkommen gesundete Erwachsene sehen könnte, deren Körper von allen Krankheiten genesen war, und sie bejahte ohne zu zögern. Anschließend fragte ich sie, ob sie auch ihr Kind-Ich sähe, dessen Fürsorge unsere Arbeit während der letzten Monate bestimmt hatte, und wieder bejahte sie. Ich bat sie, die gesunde, lebendige Erwachsene zu dem Kind gehen zu lassen das tat sie.

Die körperlich gesunde, vollständig wiederhergestellte Kirby nahm das Kind in ihre Arme, drückte es ganz fest und lächelte – ein strahlendes Lächeln. Und das kleine Mädchen vergrub das Gesicht an ihrem Hals und stieß einen langen Seufzer der Erleichterung aus.

Die Kirby auf dem Krankenbett lächelte ebenfalls, ein klein wenig mehr als zuvor und so strahlend, wie es ihr Schmerz zuließ. Dann ging ihr Atem ruhiger und regelmäßiger. Sie schien eingeschlafen zu sein. Ich küsste sie auf die Wange und verabschiedete mich.

Ich habe schon andere Rollenmodelle für ein Leben voller Mut gesehen, und ich werde in Zukunft gewiss noch weitere erleben, doch keines dieser Rollenmodelle konnte oder wird denselben Einfluss auf mich haben wie Kirby. Sie hat mich vieles gelehrt. Von ihr stammt der Satz: „Mut verhält sich zur Angst wie das Licht zur Dunkelheit." Wie sich die Leser wahrscheinlich denken können, findet sich dieser Satz auf der Karte im Zentrum meiner Wandsammlung wieder.

Auf dem Schreibtisch meines Büros zu Hause liegt ein Buch, das sie mir während ihrer letzten Chemotherapie schenkte. Allein dieses Buch zu berühren, erinnert mich jedes Mal daran, dass es nichts gibt, dem man nicht mit Mut und Würde begegnen kann. Ich hoffe, dass ich diese Botschaft anderen vermitteln kann – ja, allen Menschen, mit denen ich in meinem Leben in Berührung komme. Und ich hoffe, dass ein wenig davon und von den anderen Dingen, die ich Matthew und den anderen Personen in diesem Buch beibringen konnte, auch den Lesern zugute kommen wird. Das Buch, das Kirby mir schenkte, liegt in diesem Augenblick aufgeschlagen vor mir. Sie hat mir etwas hineingeschrieben, was ich an dieser Stelle gern zitieren möchte:

Für Thom, in Liebe.
Ich danke Ihnen, dass Sie mir geholfen haben,
die Freude in mir zu finden.
Von meinem Kind an Ihr Kind „Namaste" –

Kirby, 8-'91

Vor dem gemeinsamen Abenteuer, das Kirby und ich miteinander erlebten, war ich sicher, dass ich mich bis auf die Knochen blamieren würde, sollte ich jemals von Angesicht zu Angesicht mit dem Tod konfrontiert sein. „Was für ein Jammerlappen", hörte ich das Komitee zur Evaluation geistiger Anleiter schon entsetzt ausrufen, während alle voller Abscheu die Köpfe schüttelten.

„Ein echter Wimmertyp", würde mein eigener geistiger Anleiter zustimmend kommentieren und sich meiner schämen.

Doch wenige Monate vor Kirbys Tod änderte sich das. Ich kann nicht genau sagen, wann es geschah, aber ich erinnere mich noch genau an die Szenerie. Ich weiß bis heute haargenau, wo ich in ihrem Wohnzimmer saß, als ich es plötzlich wusste. „Ich schaffe das", dachte ich auf einmal. Mehr nicht. Nun mag man sagen, dass wäre ein bisschen wenig gewesen, wenn man bedenkt, um was für eine lebensverändernde Erkenntnis es sich handelte. Aber die Formulierung tut nichts zur Sache. Worum es in Wahrheit ging, war, dass ich meine Lektion gelernt hatte. Natürlich habe ich deshalb nicht die Angst vor dem Tod überwunden – ganz und gar nicht. Doch in diesem Moment wusste ich, wenn es so weit wäre, wenn ich mit dem Tod konfrontiert sein würde, könnte ich ihm mit intakter Selbstachtung entgegentreten. Kirby hatte mir gezeigt, dass es möglich ist. Sie war mein Rollenmodell.

Bekanntlich kommen Rollenmodelle in allen erdenklichen Formen, Farben und Größen daher, je nach den jeweiligen Umständen. Kirby bewies Mut, als sie um ihr Leben kämpfte, und sie bewies Mut im

Angesicht des Todes. Ebenso kann ein Lehrer in einer kleinen Stadt zum Rollenmodell für einen jungen Menschen werden, der später eine bedeutende Karriere macht und dadurch wiederum zum Rollenmodell für viele junge Menschen in kleinen Städten wird. Und auch ein alkoholkranker Elternteil, der in puncto zwischenmenschliche Beziehungen ein schlechtes Beispiel für seine Kinder abgibt, kann ihnen ein positives Rollenmodell sein, indem er einen ausgeprägten Sinn für Kreativität vermittelt. Jeder Mensch kann anderen etwas geben. Auf Perfektion kommt es dabei überhaupt nicht an.

Am 11. September 2001 erlebte diese Welt Tausende positiver Rollenmodelle – die Feuerwehrleute, die Polizisten, die Notfallmediziner, Sanitäter und Zivilhelfer, die nach den Anschlägen auf das World Trade Center in New York und das Pentagon in Washington Großes leisteten. Anschließend erfuhren wir von den Flugpassagieren, die die Pläne der Terroristen in dem vierten Flugzeug vereitelten, das ebenfalls über Washington abstürzen sollte. Und wir alle fragten uns: „Könnte ich ebenso mutig reagieren, wenn ich mit dem schlimmstmöglichen Albtraum konfrontiert werde?" Genau darin besteht der Sinn von Rollenmodellen: Sie bringen uns dazu, solche Fragen zu stellen. Durch ihr Beispiel werden wir veranlasst, unsere Beziehung zu unserer Angst zu hinterfragen.

Wer sind unsere Rollenmodelle? Zu wem haben wir als Kinder aufgesehen? Wen nehmen wir uns heute zum Vorbild? Man kann gar nicht zu viele Rollenmodelle haben. Kirby war für mich eines von vielen.

Namaste, Kirby.

4

Darauf zulaufen:
Zur Angst durchdringen

In den Wochen nach den furchtbaren Anschlägen vom 11. September waren die Gespräche mit meinen Klienten von den Reaktionen auf die Geschehnisse bestimmt. In ihren Äußerungen spiegelte sich eine Vielzahl unterschiedlicher Gefühle, Schock, Angst und tiefe Traurigkeit. Eine Reaktion aber hatten wir alle gemein: wir betrachteten unsere alltäglichen Sorgen und Probleme aus einer vollkommen neuen Perspektive. Was uns zuvor höchst dramatisch erschienen war, wurde mit einem Mal zu einem bloßen Blinken auf dem Radarschirm unserer Emotionen.

Als der erste Schock allmählich nachließ, und wir begannen, uns dem zu nähern, was jenseits des Schreckens lag, traten bei vielen von uns Schuldgefühle auf. Während wir wieder in die Alltagsroutine zurückfanden, begannen wir uns dafür zu schämen, wie wichtig wir unsere vergleichsweise kleinen Sorgen plötzlich wieder nahmen.

„Es ist unrealistisch, wenn Sie von sich erwarten, keine persönlichen Probleme mehr zu haben", sagte ich zu einer Klientin, die mir erzählte, dass sie sich schuldig fühlte, wenn sie etwas anderes empfände als Mitleid mit den Opfern der Terroranschläge.

„Aber alles, was mich bedrückt, scheint jetzt so unbedeutend", antwortete sie.

„Diese Reaktion ist zum Teil auch gut für uns alle", erzählte ich ihr. „Natürlich ist es sinnvoll, wenn wir begreifen, dass wir bestimmten Dingen vorher viel zu viel Bedeutung beigemessen haben und dass einige unserer Probleme weit weniger wichtig sind, als wir sie bislang nahmen." Genau genommen sagte ich ihr nichts anderes, als dass es schön wäre, wenn wir aus den Anschlägen gelernt hätten, unserem Tyrannen weniger und dafür dem Verbündeten mehr Aufmerksamkeit zu schenken.

„Und dennoch dürfen wir nicht aufhören, unsere eigene Unzufriedenheit ernst zu nehmen, selbst die Kleinigkeiten, die uns stören, können eine positive Wirkung haben", fuhr ich fort, „besonders dann, wenn wir erkennen, wie häufig wir damit versuchen, auf etwas weit Bedeutsameres hinzuweisen. Wir müssen nur lernen, uns selbst aufmerksamer zuzuhören."

Es stimmt, dass wir Menschen uns oft beklagen, und ich bilde da keine Ausnahme. Wir haben die Fähigkeit, so ziemlich an allem etwas Störendes zu entdecken – und nutzen sie weidlich. Wir jammern über die Kälte im Februar und die Hitze im Juli. Wir mieten oder kaufen uns ein neues Haus, und beschweren uns anschließend darüber, was für ein Aufstand ein Umzug ist. Wir lieben jemanden dafür, dass er so herrlich entspannt und unverkrampft ist, beklagen uns aber, wenn er zehn Minuten zu spät zum Essen kommt. Wir genießen ein vorzügliches Essen in einem beliebten Restaurant, und nörgeln herum, weil es dort so voll ist. Wir mögen unseren Job, beschweren uns aber über die Arbeit. Das ist, als würden wir uns im Fitnesscenter zum Gewichte stemmen anmelden und uns hinterher beklagen, wie schwer die Dinger sind.

Verglichen mit den „echten Problemen" erschienen uns diese alltäglichen Verdrießlichkeiten reichlich nichtig. Jeder würde meinen, nach einer Erfahrung, wie ich sie durch Kirby gemacht habe, und erst recht nach den Geschehnissen vom 11. September 2001, sollte uns die

Fähigkeit, Kleinigkeiten zu bejammern, endgültig abhanden gekommen sein. Doch das trifft nicht zu. Und dass dem nicht so ist, bedeutet keineswegs, wir hätten unsere Lektion nicht gelernt. Vielmehr wäre es heuchlerisch zu behaupten, wir neigten nicht dazu, über kurz oder lang wieder in den Dämmerzustand der Alltäglichkeit zurückzufallen.

Auf einer der Karten an meiner Wand steht: „Eine wesentliche Eigenschaft der Menschheit ist chronische Vergesslichkeit." Unsere gemeinsamen Erfahrungen bringen uns Momente der Erleuchtung, doch bald schon verblasst dieses Licht wieder. Und unsere charakteristische Vergesslichkeit ist sowohl positiv wie negativ zu sehen. Negativ insofern als wir Weisheiten, die wir eben noch besaßen, wieder verlieren. Und positiv deshalb, weil wir dadurch gezwungen sind, uns immer wieder gegenseitig zu erinnern. Ich betrachte es gern als unsere göttliche Bestimmung, den Kontakt zueinander zu halten.

Wäre jeder von uns allein auf sein eigenes löcheriges Gedächtnis angewiesen, hätte es die gleiche Wirkung wie die eines Strafzettels wegen überhöhter Geschwindigkeit. Nachdem wir den Strafzettel bekommen haben, halten wir uns eine Weile an die vorgeschriebene Geschwindigkeit. Doch wir haben eine lange Strecke vor uns, und schon nach erstaunlich kurzer Zeit wird unser Gasfuß schwerer und wir übertreten erneut die zulässige Höchstgeschwindigkeit, ohne uns irgendwelche Gedanken über die möglichen Konsequenzen zu machen.

Zwischen den Strafzetteln – oder sogar an ihrer statt – können wir uns gegenseitig daran erinnern, langsamer zu fahren. Und dadurch wird unsere chronische Vergesslichkeit zu einem sinnvollen Bindeglied. Sie motiviert uns, miteinander zu reden. Ich kann einem Klienten oder einem Freund heute einen bahnbrechenden Rat geben und trotzdem schon innerhalb der nächsten 24 Stunden darauf angewiesen sein, denselben Rat von jemand anderem zu bekommen.

Damit das möglich bleibt, müssen wir beständig kommunizieren, denn wie sonst wollen wir Hilferufe aussenden oder empfangen?

Eine Form, Hilferufe auszusenden, sind Beschwerden. Durch sie drücken wir aus, dass wir erinnert werden müssen. Selbstverständlich sind Beschwerden nicht die Idealform der Kommunikation und gewiss auch nicht sonderlich effektiv, aber wenn wir bereit sind, ihnen zuzuhören und die Leiter hinab zu folgen, bieten sie zumindest einen Ansatzpunkt. Anstatt die menschliche Neigung zum Klagen abzutun, versuche ich, sie bestmöglich zu nutzen. Ein Problem, das auf den ersten Blick kleinlich und unbedeutend erscheint, steht meist stellvertretend als oberste Sprosse einer Leiter. Wir jaulen und klagen über Kleinigkeiten, um uns davor zu drücken, die Leiter hinabzusteigen und zu den wirklichen Problemen vorzudringen. Statt uns also über diese Neigung zu beschweren (was im Grunde ja nichts anderes ist als über das Klagen zu klagen), tun wir gut daran, ein bisschen genauer hinzuschauen.

Natürlich beschweren sich einige von uns häufiger und andere seltener. Die Fähigkeit, sich über Kleinigkeiten zu ereifern, ist keineswegs gleichmäßig verteilt. Und selbst die Art, wie wir uns beklagen, variiert beträchtlich. Da gibt es Stöhner und Ächzer, Wimmerer und Seufzer, ein paar exzellente Verachter und die so genannten Märtyrer, die vorgeben, sich niemals zu beklagen. Außerdem gibt es Klagende, die nach außen zunächst gar nicht wie solche wirken. Sie fallen eher durch Scham und Selbstverachtung auf. Aber auch sie sind Klagende; sie klagen eben über sich selbst.

Definieren wir den Begriff „Klagen" einmal genauer. Für mich ist jemand, der sich beklagt, ein unzufriedener Mensch, der nicht über die Lösung eines Problems nachdenkt. In meinem Thesaurus finde ich unter dem Begriff „Klagender" „ein Unzufriedener, ein Missgestimmter, jemand, der überall Fehler sucht und findet". Sprich: Jemand der mehr Energie darauf verwendet, seinem Missfallen

Ausdruck zu verleihen als darauf zu reagieren und eine Lösung des Problems zu suchen. Es gibt ein Gebet, mit dem der Betende Gott um Gelassenheit bittet, und ich möchte es an dieser Stelle zitieren:

> *Herr, gib mir die Gelassenheit,*
> *Dinge zu akzeptieren, die ich nicht ändern kann,*
> *den Mut, die Dinge zu ändern, die ich ändern kann,*
> *und die Weisheit, den Unterschied zwischen beiden zu erkennen.*

Klagende wenden dieses Gebet praktisch falsch herum an, indem sie Unmengen Energie darauf verwenden, Dinge ändern zu wollen, die sich nicht ändern lassen, und einfache Aspekte einer Situation zu ignorieren, die sich leicht und wirkungsvoll verändern ließen.

Als Psychotherapeut sehe ich mich in der Arbeit mit Einzelpersonen und Gruppen, bei Seminaren und Vorträgen gern als eine Art Berater für effizienteren Energieeinsatz. Ich helfe Menschen zu erkennen, an welchen Stellen ihre Energien in die falsche Richtung fließen und somit verloren gehen. Ich zeige ihnen, wo ihr Denken und Handeln sie wichtige Kraft kostet, die sie eigentlich bräuchten, um ihre Probleme zu lösen. Nachdem ich jahrelang im Geschäft bin und Hunderten von Klienten über Tausende von Stunden zugehört und mit ihnen gearbeitet habe, Workshops veranstaltete und selbst in Therapien war, bin ich zu einer Erkenntnis gelangt, die weder sonderlich originell noch neu ist: Wenn wir genau zuhören, darauf achten, wo Energien verschwendet werden, und an der Tür unseres Bewusstseins horchen, erkennen wir etwas, das uns allen gemein ist: Angst.

Da ich lange genug dabei bin, dass auch andere mich für einigermaßen versiert auf meinem Gebiet halten, werde ich öfter eingeladen, vor Leuten meines Fachs zu sprechen – Psychotherapeuten, Beratern, Sozialarbeitern etc. Bei diesen Anlässen betone ich immer wieder, wie wichtig es ist, unsere Arbeit mit den Klienten als eine dialogische zu sehen. Meine Frau, die als Beraterin arbeitet, sagt ihren Klienten stets, dass sie „mit ihnen" arbeiten möchte und nicht „an ihnen". Und ich bin der Ansicht, dass dieser Unterschied ausschlaggebend für den Sinn und Nutzen einer Psychotherapie ist.

Wenn ich mich also bei der Erkundung der Ängste hinter unseren Beschwerden als würdiger „Mitarbeiter" erweisen will, sollte ich vor allem sicherstellen, dass ich dieselbe Arbeit zu leisten bereit bin, die ich von meinen Klienten, meinen Seminarteilnehmern, meinem Publikum und meinen Lesern erwarte.

Vor einer Gruppe von circa 50 anderen Psychoheinis habe ich meinen Standpunkt kürzlich wie folgt umrissen: „Wenn ich Gitarrespielen lernen möchte, suche ich mir einen Lehrer, der gut Gitarre spielen kann. Wenn ich an einer Safari in Afrika teilnehmen möchte, suche ich mir einen Führer mit Erfahrung. Ich habe nicht das geringste Interesse an einem Gitarrenlehrer, der nicht Gitarre spielen kann, oder einem Safariführer, der sich die Karte angesehen hat, aber nie in Afrika war. Genau dasselbe gilt für uns. Wenn wir von unseren Klienten erwarten, dass sie uns vertrauen und sich von uns helfen lassen, an sich zu arbeiten, müssen wir zunächst einmal – und auch in Zukunft - bereit sein, selbst an uns zu arbeiten."

Anschließend habe ich Karten mit einem meiner Lieblingsmottos verteilt: „Der Unterschied zwischen Wissen und Weisheit ist Erfahrung."

Wer sich auf die Suche nach einem Therapeuten macht, sollte die möglichen Kandidaten als Erstes fragen, wie sie bereits an sich gearbeitet und welche Therapien sie selbst gemacht haben. Sollte man dabei zufällig auf jemanden stoßen, der der Frage ausweicht oder mit schwammigen Andeutungen reagiert, etwa wie wichtig es sei, sich ganz von der eigenen Person loszulösen und auf den anderen zu konzentrieren, gibt es nur Eines: aufstehen, „Adiós" sagen und schleunigst weglaufen. Ein hilfreicher Therapeut kann nur sein, wer sich dieser Frage stellt, dem anderen in die Augen sieht und offen über sich selbst Auskunft gibt.

Ob mit oder ohne Therapeuten, die Ärmel hochzukrempeln und uns unseren Ängsten zu stellen, ist alles andere als einfach. Die größte Schwierigkeit besteht zweifellos darin, so viele Informationen wie möglich über unser Bewusstsein und unsere Gefühle zu sammeln und zugleich der Versuchung zu widerstehen, sofort etwas mit dem „anfangen" zu wollen, was wir entdecken. Zwar soll das Ziel letztlich sein, sich Veränderungen zu erarbeiten, doch wenn wir vorschnell in Aktion treten, laufen wir Gefahr, uns altgedienter Muster psychologischer Selbstverteidigung zu bedienen, statt tatsächlich mutige Schritte zu wagen, die langfristig Verbesserung versprechen. Wir reagieren eher als dass wir agieren, nutzen den Selbstschutzreflex, der uns ermöglicht, unbequemem Terrain fernzubleiben, bevor wir eine Chance hatten, aus unserem Unbehagen zu lernen. Nicht umsonst steht in unserem Vier-Schritte-Programm „Erkennen" und „Akzeptieren" vor „Reagieren".

Unsere Neigung dazu, voreilig zu handeln und auf alles prompt zu reagieren, entspringt unserem Bedürfnis, unser Leben „unter Kontrolle" zu haben. Doch wenn wir diese Kontrolle über alles andere stellen – sprich: das Unmögliche verlangen – tun wir nichts anderes, als unserem Tyrannen das Ruder zu überlassen. Er redet uns ein, wir müssen nur alles schön in Reih und Glied halten (ein Leben im Gänsemarsch), dann bekämen wir keine Schwierigkeiten, müssten keinen Schmerz leiden und hätten nie Stress. Und indem er uns diesen unmöglichen Traum verspricht, jagt er uns einen gewaltigen Schrecken vor allem ein, was unsere Menschlichkeit ausmacht, nämlich nicht perfekt zu sein. Dabei ist es ungemein wichtig, dass wir unsere normalen Unzulänglichkeiten akzeptieren. Ich habe schon mit Perfektionisten gearbeitet, die glaubten, ihre wahre Herausforderung bestünde darin, sich damit abzufinden, dass sie nie wirklich perfekt sein würden. Ich sagte und sage ihnen jedes Mal gleich zu Anfang, wie unrealistisch ihre Sichtweise ist. Wir sind nicht nur nicht wirklich perfekt. Wir sind Menschen, und von da, wo wir stehen, können wir die Perfektion nicht einmal erkennen. Meine Wandkarte dazu lautet: „Abhängig von Kontrolle zu sein bedeutet, niemals etwas unter Kontrolle zu haben."

Als meine Frau und ich während des Eissturms auf unserer Farm eingeschlossen waren, hatten wir vollkommene Ruhe vor dem Gerede unserer Tyrannen über Perfektion – diese dauernde, gleichsam als Hintergrundmusik mitlaufende Angst davor, wir könnten nicht jederzeit alles unter Kontrolle haben. Unsere Umstände haben uns klar gemacht, dass wir nicht allzu viel kontrollieren können und dass die Dinge, die wir dennoch kontrollieren, unsere ungeteilte Aufmerksamkeit erfordern. Wir mussten uns um das Feuer kümmern, die Wassertröge eisfrei halten und nicht zuletzt uns und die Tiere mit Nahrung versorgen. Wir hatten viel Zeit uns auszuruhen, bevor wir uns erneut unseren Pflichten widmeten. Unsere Tyrannen glänzten unterdessen durch Abwesenheit. Wahrscheinlich hatten sie sich irgendwo in einem hübschen warmen Hotel einquartiert. Unsere Verbündeten hingegen standen uns zur Seite und leiteten uns bei den Aufgaben an, die auf uns zukamen – unser Überleben zu sichern. Sie haben keineswegs überreagiert, indem sie uns anwiesen, sofort dies oder jenes zu tun oder uns erzählten, wir hätten dies oder jenes gestern schon getan haben sollen. Stattdessen standen sie uns mit ihrem ruhigen, klaren Rat bei. Unsere Verbündeten handeln nach der Philosophie, dass man stets aufmerksam sein und beim Gehen einen Fuß vor den anderen setzen sollte.

Wir leben in einer „Regel das!"-Gesellschaft, umgeben von unzähligen Spielarten, uns so beschäftigt zu halten, dass wir gar keine Zeit haben, uns hinzusetzen und überhaupt wahrzunehmen, was sich unter unserem oberflächlichen Denken und Handeln verbirgt. Die ruhige und zuversichtliche Stimme des Verbündeten wird allzu leicht von dem Chaos übertönt. Kürzlich erzählte mir jemand, dass er nicht die Geduld aufbrächte, die drei Minuten zu warten, die das Erwärmen einer Suppe in der Mikrowelle dauert. Ebenso wenig reicht uns, dass wir über das Internet Zugang zu unendlich vielen Informationen und Dienstleistungen haben – wir wollen einen schnelleren Zugang. Bis eine Website auf unserem Computerbildschirm fertig geladen ist, vergeht uns zu viel Zeit, also nehmen wir uns vor, den örtlichen Telefonversorger anzurufen, damit man uns eine fixere Verbindung anbietet und wir an sieben Tagen die Woche 24 Stunden lang in Lichtgeschwindigkeit ins Internet können.

Ich mache mir nicht vor, ich könnte das Rad zurückdrehen. Vielmehr akzeptiere ich die Tatsache, dass ich genauso im 21. Jahrhundert lebe wie alle anderen. Aber ich ermahne mich selbst, die Zeit zu nutzen, die ich vor der Mikrowelle oder vor dem Computer warte, bis die Suppe warm beziehungsweise das Bild geladen ist. Für mich sind dies rare Gelegenheiten, mich in Geduld zu üben. Dennoch bin ich sicher, dass auch ich mir irgendwann einen schnelleren Internetzugang besorgen und einen neueren Computer anschaffen werde, die mein relativ müheloses Leben noch müheloser machen.

Dieselbe Ungeduld kann jedoch auf dem Gebiet der Ich-Erkundung und des Strebens nach persönlicher Reifung große Probleme verursachen. So habe ich wiederholt festgestellt, dass meine Versuche, mich meinen Gefühlsnöten zu entziehen – sei es Angst, Schuld, Zorn, Traurigkeit oder eine Mischung aus allem – nur zu noch größerer Verzweiflung führen. Gefühle existieren immer in der Gegenwart. Wir können sie nicht in unserer Vergangenheit zurücklassen und sie auch nicht auf die Zukunft verschieben. Umstände und Geschehnisse ordnen sich chronologischen Abläufen ein, Gefühle nicht. Jedwede emotionelle Erfahrung findet im Hier und Jetzt statt. Wir können sie entweder annehmen und ausdrücken oder sie begleitet uns ins nächste Hier und Jetzt.

Vor einigen Jahren nahm ich als Klient an einer Gruppentherapie teil. Dort erzählte ich von meinem „Schulleitersyndrom", wie ich es nenne. Damit meine ich dieses beklemmende Gefühl, das mich immer dann überkommt, wenn jemand mir sagt, er „möchte mich später kurz sprechen". Mittlerweile habe ich herausgefunden, dass viele Leute dieses Gefühl kennen, doch in jener Gruppentherapiesitzung glaubte ich noch, ich befände mich damit allein auf weiter Flur.

Jacquie, die Therapeutin, bat mich, das Gefühl genau zu beschreiben. „An welcher Stelle Ihres Körpers fühlen Sie es?" fragte sie.

„Im Bauch", antwortete ich. „Und in meinem Hals. Es ist als würde mir übel und ich müsste mich übergeben."

Sie hakte weiter nach. „Schließen Sie die Augen und sagen Sie mir, wo Sie sich sehen. Versuchen Sie, nicht darüber nachzudenken, sondern nur zu beschreiben. Beobachten und erzählen Sie mir, was Sie entdecken." Hier begann also die Erkundung.

Mit geschlossenen Augen stellte ich mir dieses Gefühl vor, das Schmerzen im Bauch und quälende Enge im Hals verursachte, und schon reiste ich in der Zeit zurück. „Ich bin in der dritten Klasse. Ich erinnere mich noch an meine Lehrerin in jenem Jahr, weil ich hoffnungslos in sie verliebt war: Mrs. Scuddy." Ich lachte. „Scuddy" klang nicht gerade wie ein passender Name für eine in meinen damaligen Augen wunderschöne Frau.

„Sind Sie jetzt gerade in Mrs. Scuddys Klasse, während Sie Ihren Bauch und Ihren Hals fühlen?" fragte Jacquie.

Ich war mir zunächst nicht sicher. „Mir scheint, die Antwort darauf ist Ja und Nein. Das kann doch nicht sein ..."

„Natürlich kann das sein", unterbrach Jacquie mich freundlich. „Sagen Sie mir einfach, wo Sie sind, wenn sich der Bauchschmerz und die Enge im Hals einstellen."

Da erinnerte ich mich plötzlich, was damals geschehen war. Die Glocke hatte bereits geläutet, und ich war zu spät. Ich rannte die Treppe hinauf, als mich der Schulleiter, Mr. Simmons, rief: „Junger Mann!" Wie vom Donner gerührt blieb ich stehen und drehte mich ängstlich um. Mr. Simmons sah fies aus – sowohl in meiner Erinnerung während der Therapiesitzung als auch jetzt, während ich dies schreibe.

Er befahl mir, zu ihm zu kommen. Mr. Simmons stand vor der Tür seines Büros, und als ich auf ihn zukam, fragte er mich, ob ich noch wüsste, was er unlängst über das Rennen auf den Fluren gesagt hatte. Natürlich gab ich sofort zu, dass ich mich daran erinnerte. Er zeigte auf einen bestimmten Punkt in dem großen Flur, gleich rechts von seiner Tür und sagte: „Du wartest hier. Ich bin in ein paar Minuten zurück." Er war streng – nein, er war fies und furchteinflößend. Und ich war acht Jahre alt, hatte einen brennenden Klumpen im Bauch und fühlte mich, als müsste ich mich jeden Moment übergeben.

Dann ging er den Flur hinunter in einen anderen Raum, und ich war allein. Ängstlich und verlassen stand ich in dem Riesenflur, an genau der Stelle, auf die er mich verwiesen hatte. Ich starrte auf die Tür, hinter der er verschwunden war. Dann drehte ich mich um und sah zu der breiten Treppe, die hinauf in meine dritte Klasse führte, zu Mrs. Scuddy. Ich weiß nicht, wie oft ich auf den Flur, dann die Treppe und wieder auf den Flur sah, oder wie lange ich wie gelähmt da stand. Dafür weiß ich noch genau, was in meinem Kopf vorging. Ich überlegte, welche Chancen ich hätte zu entkommen. Ich war sicher, wenn ich es die Treppe hinauf in meine Klasse schaffte, wäre ich sicher. In diesem Gebäude gab es so viele Klassenräume mit so vielen Kindern, dass es Mr. Simmons unmöglich sein musste, mich zu hier finden.

Ich traf eine Entscheidung. Ich rannte los. Ich hatte bereits Ärger, weil ich im Flur gerannt war, aber jetzt rannte ich so schnell ich konnte. Ich musste es bis zur Treppe, die Stufen hinauf und außer Sichtweite schaffen, bevor Mr. Simmons wieder aus der anderen Tür kam. Ich raste.

Meine Klassenkameraden hatten sich noch nicht auf ihre Plätze gesetzt, als ich in die Klasse kam, so dass meine Verspätung nicht allzu offensichtlich war. Ich versuchte, mich möglichst unauffällig unter die anderen zu mischen und niemanden merken zu lassen, dass ich von meinem Sprint außer Atem war. Hastig setzte ich mich auf meinen Stuhl und sah mir ein paar Wörter an, die an diesem Morgen im Buchstabiertest vorkommen sollten. (Während ich diese Szene Jacquie und der Gruppe beschrieb, war ich selbst erstaunt, wie lebhaft ich mich an die Details erinnerte.)

Als ich gerade begann, eine gewisse Erleichterung zu empfinden, blickte ich von meiner Wortliste auf und sah Mr. Simmons, der in der offenen Tür stand. Er schaute sich im Klassenraum um, auf der Suche nach mir. Ich rutschte auf meinem Stuhl ein Stück tiefer und hielt das Blatt mit der Liste vor mein Gesicht – ein alberner Versuch, dem Ertapptwerden zu entgehen. Natürlich sah er mich. Mit dem gekrümmten Zeigefinger bedeutete er mir, zu ihm zu kommen, ohne auch nur einen Ton zu sagen. Ich weiß nicht mehr, ob Mrs. Scuddy überhaupt mitbekam, was vor sich ging, aber ich weiß noch, dass ich mit ihm allein zu seinem Büro zurückging – nur wir beide.

„Was geschah in Mr. Simmons' Büro?" fragte Jacquie.

„Ich saß da, während er meinen Namen in ein kleines schwarzes Notizbuch eintrug", erzählte ich. „Er machte eine Riesenaffäre daraus, übertrieb schamlos, weil er seine Macht über mich kleinen Drittklässler genoss." Ich spürte, wie Wut in mir aufstieg, als ich die Szene beschrieb.

Ich erinnere mich nicht mehr, ob er das Thema „Prügel mit dem Schläger" aufbrachte oder ob ich in dieser Situation an all die Gerüchte über Mr. Simmons' „elektrischen Schläger" dachte, den es selbstverständlich gar nicht gab. Und ich weiß noch genau, wie ich mich fühlte, als ich in die Klasse zurückkehrte. Ich war überzeugt davon, dass mich alle anstarrten und nun meinten, ich hätte etwas Furchtbares angestellt. Außerdem war ich sicher, Mrs. Scuddy, meine wunderschöne Lehrerin, wäre entsetzlich enttäuscht von mir.

Während ich die Geschichte Jacquie und der Gruppe erzählte, wurde das Gefühl in meinem Bauch und Hals immer stärker. Dann half Jacquie mir, eine Phantasieszene zu schaffen, in der ich als Erwachsener in jenes Szenario zurückkehrte und mein Drittklässler-Ich verteidigte. Und sobald ich mir ausmalte, wie ich mich beschützen würde, brachen sich die beklemmenden Gefühle Bahn. Ich schrie lauter, als ich es je für möglich gehalten hätte, und Tränen liefen mir über die Wangen. Ich schlug mit den Armen und Fäusten auf große, weiche Kissen ein, und eine Flut von Angst und Zorn strömte aus mir heraus. Die Gruppenmitglieder kamen näher, um mir beizustehen. Mein Drittklässler-Ich war nicht länger allein, und nach und nach verschwanden die Bauchschmerzen und mein Hals entspannte sich allmählich wieder.

Die Gefühle, die Mr. Simmons in mir verursachte, als er mich beim Rennen auf dem Flur erwischte, drückte ich damals nicht aus. Der Vorfall ereignete sich 1962, aber als ich der Gruppe von der Szene erzählte, mit der ich mein „Schulleitersyndrom" assoziiere, waren die Emotionen gegenwärtig. Ich fühlte den nicht ausgedrückten Schrecken des Achtjährigen in der Gegenwart. Und genau darin besteht die oft schmerzvolle Arbeit, die im dritten Schritt unseres

Programms, dem Akzeptieren, auf uns zukommt. Wenn die Rollläden hochgezogen sind, müssen wir die Gefühle, die wir im Licht sehen, fühlen, um sie ausdrücken zu können. Aber dafür sind sie verschwunden, sobald wir sie geäußert haben.

Wenn ich heute an die Geschichte mit Mr. Simmons und mir denke, habe ich keinen brennenden Klumpen mehr im Bauch oder eine erstickende Enge im Hals. Ich kann dabei Kaffee trinken und Toast essen, ohne auch nur einen Anflug von Übelkeit zu verspüren. Ich erinnere mich an die damaligen Gefühle, muss sie jedoch nicht mehr durchleben. Meine Erinnerung an den Schrecken und die Scham, die ich mit jenem Erlebnis verbinde, ist eine bewusst wahrgenommene Erfahrung, die in meinem Kopf statt in meinem Bauch ist.

Dennoch habe ich bis heute Gefühle, die mit jener Geschichte verknüpft sind. Diese Gefühle werden nicht von Mr. Simmons oder meinem verzweifelten Versuch, ihm zu entfliehen, wachgerufen, sondern gehören zu meinem Denken über die Geschehnisse. Ich habe Mitleid mit mir als Achtjährigem, Mitleid mit einem kleinen Jungen, der sich so schrecklich allein fühlte. Die meisten Leser werden ähnliche Erfahrungen aus ihrer eigenen Geschichte benennen können, und manch einer versteht vielleicht nicht, wie so ein aus der Distanz betrachtet lächerlicher Zwischenfall so viel Verzweiflung nach sich ziehen kann, doch das kontrollieren wir alle nicht. Der Schrecken, den ich beschrieb, war der, den ich 1962 empfand. Kein noch so intensives Grübeln und Abwägen kann daran etwas ändern. Und trotzdem reden wir uns gern ein, wir könnten vergangene Ereignisse durch neues, verbessertes Denken neu bewerten, wir könnten im Nachhinein die Gefühle verändern, die frühere Geschehnisse in uns weckten. Das können wir nicht. Wir können unsere zukünftigen emotionellen Reaktionen beeinflussen, indem wir etwas daran ändern, wie wir denken und wie wir unsere Welt interpretieren, aber wir können nichts an den emotionellen Erfahrungen der Vergangenheit ändern. Ist ein Gefühl einmal erzeugt, bleibt es so lange bei uns, bis wir ihm Ausdruck verleihen. Wir verwenden viel Zeit und Kraft auf den Versuch, die Gefühle in uns zu ändern, aber das ist verschwendete Zeit und verschwendete Kraft. Die Aufgabe, zu der wir uns nun aufmachen, wird nichts damit zu tun haben, unsere Vergangenheit zu ändern, und ebenso wenig damit, Gefühle, die in der Vergangenheit erzeugt und bis heute bei uns sind, zu ändern. Unser Auftrag ist vielmehr der, diese unausgedrückten Gefühle – Angst, Scham, Wut oder Traurigkeit – zu finden und ihnen Ausdruck zu verleihen. Klarer, ehrlicher und direkter Gefühlsausdruck ist der Anfang gesunder Reaktionsfähigkeit.

Ein weiteres Gefühl, das ich heute mit dem damaligen Vorfall assoziiere, ist Wut. Wie bei dem Mitleid mit dem Kind, das ich war, handelt es sich dabei um eine gegenwärtige Emotion. Beide sind nicht aufgestaut, sondern regen sich immer dann, wenn ich mich an jenes Ereignis erinnere. Wahrscheinlich ist es sogar weniger Wut als Empörung, was ich dann empfinde. Und das sind Gefühle, vor denen ich nicht weglaufen oder mich verstecken will. Ich betrachte sie als angemessene Reaktion darauf, wenn Erwachsene in Autoritätsstellungen – wie Mr. Simmons – diese Autorität missbrauchen, um Kinder in Angst und Schrecken zu versetzen. Ich kann nicht sagen, ob Mr. Simmons es damals bewusst tat oder aus purer Ignoranz. Vielleicht werde ich mich demnächst mal erkundigen, ob er noch lebt. Wenn ja, sende ich ihm ein handsigniertes Exemplar dieses Buchs.

Es mag auf den ersten Blick wie ein albernes Klischee anmuten, aber die meisten Ängste, denen wir uns in diesem Prozess stellen müssen, haben ihre Wurzeln in unseren Kindheitserfahrungen. Das bedeutet nicht, dass Mr. Simmons der Grund ist, weshalb ich an meinem „Schulleitersyndrom" leide, auch wenn er mich zu dem Namen inspiriert hat. Wahrscheinlicher ist, dass diese eine Geschichte bezeichnend für die Ängste und die Unsicherheit ist, die in meinem Bewusstsein als Achtjähriger bereits existierten. Sowohl innerhalb wie außerhalb meiner Therapien habe ich viel über dieses Ereignis nachgedacht und bin zu der Erkenntnis gelangt, dass meine „Mr. Simmons und ich"-Geschichte ein weit tieferes Problem aus meiner Kindheit reflektiert, nämlich die schreckliche Angst davor, verlassen zu werden. Als Kind glaubte ich, die Befriedigung meines grundlegenden Bedürfnisses nach Sicherheit und Wohlergehen hinge einzig davon ab, wie „artig" ich war. Ich kam gar nicht darauf, dass ich „Ärger bekommen" könnte und trotzdem noch als netter und akzeptabler Mensch anerkannt werden würde. Und ich wusste ganz sicher nicht, dass es für einen Achtjährigen praktisch normal war, sich dann und wann Ärger einzuhandeln. (Mr. Simmons hingegen schien nicht zu wissen — oder nicht wissen zu wollen — dass es für einen Achtjährigen normal war, Treppen hinauf zu rennen.)

Natürlich sind Kindheitsgeschichten das klassische Futter für jede Therapie, und wie alles andere, kann man auch diesen Aspekt hoffnungslos überstrapazieren. Die Wichtigkeit, unausgedrückte Gefühle aus der Vergangenheit zu entdecken – selbst wenn die dazugehörigen Ereignisse nicht mehr erinnert werden – kann jedoch auf keinen Fall überbewertet werden. Sie sind die Quelle, von der unser Tyrann seine Munition bezieht, um unseren Selbstwert zu attackieren. Die emotionellen Erfahrungen, mit denen wir nichts anzufangen wissen, sind es, an denen wir immer feststecken. Und um aus dieser Sackgasse herauszufinden, brauchen wir den dritten Schritt auf unserer Stichwortliste, Akzeptanz.

Sobald wir uns der alten aufgestauten Gefühle bewusst geworden sind, sollten wir einige Zeit mit ihnen verbringen. Wir müssen uns davor hüten, sie zu registrieren, sie uns zu erklären und sofort zum nächsten Punkt weiterzugehen. Ich möchte hier nicht irgendjemanden dazu anhalten, sich wie besessen seinen Ängsten zu widmen, sondern lediglich daran erinnern, dass wir lernen sollten, uns diesen

Orten in unserem Bewusstsein offen zu nähern. Wir müssen der natürlichen Versuchung widerstehen, diese Gefühle abschalten, verdecken, klein machen oder wegerklären zu wollen. Den Umgang mit der Angst zu lernen, beinhaltet nun einmal die überaus schwierige Aufgabe, ruhig sitzend seine Angst auszuhalten, die Nervosität oder den Schrecken zu erfahren, die uns im Bauch oder im Hals stecken. Ruhig dazusitzen und diesen Gefühlszustand bewusst zu erleben, und sei es nur für wenige Minuten, ist wahrlich harte Arbeit. Deshalb sollten wir uns Anerkennung zollen, wenn uns das gelingt, und uns möglichst nicht selbst verdammen, falls wir es nicht schaffen. Ich empfehle daher jedem, der sich auf diesen Weg machen will, eine große Portion Selbstmitleid mitzubringen.

In der kurzen Zeit, die ich mit Owen arbeitete, hat er ausgezeichnete Arbeit geleistet, die aufgestauten Gefühle seiner Kindheit zu entschlüsseln. Owen erkannte ziemlich bald, dass er vor allem zwischen Gefühlen von Schuld und Wut gefangen war. Er benutzte häufiger Ausdrücke wie „paralysiert", „feststecken", „ausweglos", „gelähmt", „keine Wahl haben" und „bewegungsunfähig".

Er wuchs in einer Familie auf, in der der Vater die Mutter und die Söhne, einschließlich Owen, kontrollierte und misshandelte. Sein Vater war fortwährend reizbar, oft jähzornig und manchmal gewalttätig. Das Fatale war, dass er Owen die Schuld für seine finstere Stimmung und seine Ausbrüche gab. Diese Schuldzuweisung entbehrte jeglicher Basis. Owen war von seinem Vater willkürlich zu Ursache des „Problems" erklärt worden.

Wir begannen damit, in den Therapiesitzungen über die unmögliche Rolle zu sprechen, die ihm in seiner Familie zugewiesen worden war. Doch je detaillierter er von den Misshandlungen erzählte, umso schlimmer schienen die Gefühle in ihm gleichsam festzustecken. Er wirkte nach außen vollkommen ruhig. Natürlich war diese scheinbare Ruhe nichts als ein Indiz für seine emotionelle Lähmung.

Sicher hätte ich zu Beginn meiner Therapeutenlaufbahn den Fehler gemacht, ihm verfrüht zu erklären, was ich erkannte. Zwar wäre diese Erklärung nicht direkt schädlich gewesen, doch gewiss nicht der hilfreichste Ansatz. Schließlich steht an zweiter Stelle unserer Vier-Schritte-Liste „Erkennen", nicht „Erklären", und an dritter Stelle „Akzeptieren", nicht „Antworten". Owens vordringlichste Aufgabe war die, Gefühle auszudrücken, die er bislang nicht verarbeiten konnte. Er entdeckte, dass seine Wut und seine Schuldgefühle von einer Art isometrischer Spannung umschlossen waren, als würde man mit aller Kraft die Handflächen zusammenpressen. Owen hatte bereits als kleines Kind angefangen, sich selbst für seine Ohnmacht angesichts der familiären Probleme zu verachten, und als Erwachsener machte er damit weiter. Er wies sich selbst die Rolle des „Problems" zu.

Owen fühlte sich schuldig, weil ihm wieder und wieder erzählt worden war, die fatalen Umstände wären Folge seiner Fehler. Zugleich war er sich seiner Hilflosigkeit bewusst, irgendetwas daran zu ändern. Wut überkam ihn, da es zum einen die natürliche Reaktion darauf ist, hilflos der Misshandlung Unschuldiger zusehen zu müssen, und zum anderen da sein erstes Rollenmodell – Dad – immerzu wütend war.

Als ich ihn aufforderte, für eine Weile all die Wut und Schuld einfach zu empfinden (sie dem Kind in ihm zu erlauben), löste sich die Spannung in seinem Innern. Die klassische Ironie des Schicksals: Indem wir alle Gefühle zulassen, ganz gleich wie viel wir aufgestaut haben, löst sich ihr scheinbar unüberwindbarer Widerspruch auf. Die Frage „Bin ich wütend oder bin ich schuldig?" gilt nicht mehr. Owens gefrorene Gefühle begannen aufzutauen. Er konnte seine Schuldgefühle zulassen und darüber weinen, wie er mit mir zusammen stampfen und laut brüllen konnte, als die aufgestaute Wut herauskam. Er musste nichts weiter tun als zu fühlen, was er fühlte, und schon begann er, sich von der Schuld und Wut zu befreien, die ihn so lange in einem elenden Zustand von Pseudoruhe festgehalten hatten.

Wo kam bei Owens Arbeit Angst ins Spiel? Überall. Wir können uns unschwer vorstellen, wie beängstigend sein dauerwütender Vater auf ihn gewirkt haben musste, trotzdem war die größte Angst Owens die vor den eigenen aufgestauten Gefühlen. In einer unserer letzten Sitzungen sagte er: „Mir fehlten vorher die Worte, es zu beschreiben, aber ich war mir der Wut und Schuld in mir stets bewusst. Gerade deshalb jagte mir allein der Gedanke, mich auch nur halbwegs in ihre Nähe zu begeben, eine Todesangst ein."

In seinem Fall, wie in den meisten anderen, gab es zusätzlich zur Schuld ein negatives Selbstwertgefühl. Ich ermutigte Owen dazu, sich nicht selbst zu verurteilen, wie ich die Leser ermutigen möchte, keine Selbsturteile zu fällen. Wir wollen uns dem stellen, was uns bewusst wird, und dabei ist es egal, ob wir uns tiefverwurzelten Ängsten zuwenden oder scheinbar nichtigen Beschwerden. „Beurteilen" ist auf unserer Liste nicht vorgesehen. Wir wollen erkennen, worauf wir stoßen. Dafür müssen wir bereit sein, die Leiter hinabzusteigen, um zu unseren tieferen Ängsten vorzudringen. Denn entgegen landläufiger Meinung bedeutet das Akzeptieren dessen, was wir finden und erkennen, nicht, dass wir ihm für immer verhaftet bleiben. Akzeptanz ist der Weg, der uns auf die andere Seite der Angst führt, und auf dieser Seite können wir lernen, aus einer kraftvollen, gestärkten Position heraus zu reagieren.

Wenden wir uns den Gefühlen zu, die in uns aufgestaut und bislang nie ausdrückt wurden. Werden wir uns dieser Gefühle bewusst, und widerstehen wir der Versuchung, vor ihnen davonzulaufen oder sie gar ändern zu wollen. Fühlen wir, was dort zu fühlen ist. Akzeptieren wir es als unsere Erfahrung, wobei unsere Akzeptanz keineswegs aussagt, wir würden es mögen. Sie bedeutet lediglich, dass wir wissen, welche Erfahrungen wir gemacht und zu verarbeiten haben.

Sobald wir uns unserer aufgestauten Gefühle bewusst sind, empfehle ich folgende seltsame kleine Übung: Stellen Sie sich vor, Sie könnten als Erwachsener in der Zeit zurückreisen und das Kind auf den Arm nehmen, das Sie waren. Sie tragen es auf Ihrem Arm durch die damaligen Gefühle. Und wiederholen Sie dabei Ihr Motto: KEINE ANGST. Halten Sie das Kind fest und marschieren geradewegs durch die Gefühle, ohne sie zu verändern – Traurigkeit, Wut, Verletztheit, Verwirrung, was immer Sie vorfinden. Gehen Sie weiter, bis Sie am Ende angekommen sind.

Die schlechte Nachricht – oder was wir für die schlechte halten – ist die, dass wir die Gefühle, die in uns sind, nicht mehr ändern können. Die gute Nachricht ist, dass wir sie gar nicht verändern müssen, um geheilt zu werden. Wir müssen einfach nur bereit sein, mit weit offenen Augen durch sie hindurchzugehen.

5

Warum ich? Warum ich nicht?: Die Frage des Verdienens

June ist eine 36-jährige erfolgreiche Anwältin, die in der Vergangenheit über einen langen Zeitraum sexuell missbraucht wurde. Als sie vier Jahre alt war, begannen verschiedene Heranwachsende und junge Männer, sie regelmäßig sexuell zu belästigen. Dies geschah in ihrem Elternhaus und zog sich über mehrere Jahre hin. Ja, es ging sogar weiter, nachdem ihre Mutter bemerkt hatte, was geschah. Infolge des fortgesetzten Missbrauchs lernte June, auf ihr Recht zu verzichten, über sexuellen Kontakt selbst zu entscheiden. Die Konsequenz daraus war, dass sie auch als Erwachsene Beziehungen einging, in denen sexueller Missbrauch an der Tagesordnung war.

June begann ihre Therapie bei mir vor fünf Jahren, nachdem sie über mehrere Monate an einem Seminar von mir teilgenommen hatte, in dem es um Depressionen und ihre Überwindung ging. Sie hatte bereits zuvor eine Therapie begonnen, allerdings wieder abgebrochen, weil der betreffende Psychologe schon in den ersten Sitzungen unangebrachte sexuelle Bemerkungen gemacht hatte und ihr sogar sagte, dass sexueller Kontakt zwischen ihnen der Therapie zugute käme. Obwohl sie gleich das Gefühl hatte, „etwas stimmte da nicht", blieb sie noch mehrere Monate, ehe sie abbrach. Die körperlichen Annäherungsversuche des Psychologen konnte sie erfolgreich

83

abwehren, dennoch blieb er bei seinen anzüglichen Äußerungen und gab vor, dass sein Ansinnen rein therapeutischen Zwecken diente. Als sie schließlich doch die Therapie beendete, geschah das keineswegs aufgrund der fortgesetzten Belästigungen durch den Psychologen, sondern weil sie in einer neuen Beziehung zu einem sehr kontrollierenden Mann lebte, der ihr erklärte, er könne nicht mit jemandem zusammen sein, der „geisteskrank" sei.

Im Verlauf der letzten fünf Jahre hat sie zwar intellektuell erfasst, dass die sexuellen Kontakte, die ihr als Kind aufgenötigt worden waren, nicht angemessen waren, aber sie hat nach wie vor Schwierigkeiten damit, sie als sexuellen Missbrauch zu bezeichnen. „So schlimm war das nun auch wieder nicht", sagt sie. Diese Reaktion ist nicht unüblich, insbesondere bei Menschen, die über solch lange Zeiträume sexuell missbraucht wurden. Immerhin war für June sexueller Kontakt ohne ihre Einwilligung die Norm gewesen.

June hat beachtliche Fortschritte gemacht, was das Auseinanderhalten beruflicher und persönlicher Aspekte ihres Lebens betrifft. Sie hat begonnen, ihre Tablettenabhängigkeit zu überwinden, hat eine missbrauchsgeprägte Beziehung beendet und eine neue gefunden mit einem Mann, der sie liebt und sie respektiert. Doch der Schmerz, von den Menschen im Stich gelassen worden zu sein, die sie am meisten liebte – der Verrat, den ihre Eltern begingen, als sie sie nicht beschützten – liegt immer noch unter der Oberfläche, wo June ihn zumeist nicht sieht. Sie bleibt dabei, dass ihre Missbrauchsvergangenheit nicht „so schlimm" wäre.

Als ich erstmals begann, meine eigene Geschichte mit der einiger meiner Klienten zu vergleichen, bekam ich ein echtes Problem. Wie konnte ich rechtfertigen, depressiv bis hin zu Suizidgedanken zu sein, so dass ich eine Therapie brauchte, wenn so viele Menschen, die ich behandelte, so viel Schrecklicheres erlebt hatten als ich? Wie konnte meine Geschichte davon, dass ich als Kind erwischt wurde, wie ich durch den Schulflur rannte, dem Vergleich mit Junes standhalten, die ein Leben lang missbraucht worden war? Ich hatte mich mit meinen tiefsitzenden Gefühlen auseinandergesetzt, hatte erkannt, wie enttäuscht und emotionell im Stich gelassen ich mich von meinen Eltern fühlte. Ich hatte über meine Vergangenheit geredet und sie analysiert, hatte leere Stühle angebrüllt und mit Fäusten und Schaumstoffschlägern auf Berge von Kissen eingeprügelt. War ich einfach nur schwach oder hypersensibel? Und wenn ja, welches Recht hatte ich dann, der Therapeut von June zu sein?

Eine meiner Klientinnen hatte die Leichen ihrer Eltern gefunden, nachdem sie sich umgebracht hatten. Da war sie sieben Jahre alt gewesen. Eine andere Klientin verlor ihre Mutter mit vier. Die Mutter starb an Krebs und das Mädchen wuchs in einem Haus auf, in dem die Mutter kaum erwähnt wurde und ihre Stiefmutter verlangte, mit „Mom" angeredet zu werden. Ich habe mit Klienten gearbeitet, deren heranwachsende Kinder Selbstmord begangen hatten. Und ich kann gar nicht mehr sagen, wie viele meiner Klienten in ihrer Kindheit körperlich oder seelisch missbraucht worden waren.

Was ich gelernt habe, ist, dass es nicht darum geht, Vergleiche zu ziehen zwischen dem, was mir geschehen ist, und dem, was June oder irgendjemandem sonst widerfuhr. Vielmehr bietet die Selbstbewertung, die wir mit derlei Vergleichen vornehmen, einen exzellenten Vorwand, sämtliche Fortschritte von vornherein abzublocken. Ich habe dafür einmal eine wunderbar treffende, knappe Formel gehört: Vergleiche und du verzweifelst. Den Vergleich als Grundlage dafür zu wählen, unser Recht auf Schmerz zu legitimieren oder es uns abzusprechen, ist vollkommen sinnlos. Wir werden immer jemanden finden, der es besser hatte als wir, und immer jemanden, dem es schlechter ergangen ist. Meine Kindheit war besser als Junes, aber schlimmer als die eines anderen. Und selbst hier ist die

Bewertung rein subjektiv, da ich nicht sicher bin, ob June meine Kindheit als die bessere unserer beiden bezeichnen würde.

Eventuell ist jemand in seinem Leben auf die furchtbarste Weise missbraucht worden, während ein anderer das Produkt der typisch neurotischen amerikanischen Familie ist. Die meisten von uns werden sich irgendwo in der Mitte zwischen beidem befinden. Wie dem auch sei, es ist unerheblich. Erheblich ist einzig, dass wir alle gleichermaßen die Hilfe verdienen, die wir brauchen, um die Wunden unserer Vergangenheit zu heilen. Und erheblich ist ebenfalls, dass wir alle gleich verantwortlich dafür sind, uns unserer Wunden anzunehmen.

Alle Vergleiche gehen auf die Frage zurück: Warum ich und nicht sie, oder warum sie und nicht ich? Und hinter diesen nicht zu beantwortenden Fragen verstecken sich Gefühle von Scham oder Wut. Wir schämen uns beispielsweise, weil wir missbraucht wurden, oder wir schämen uns, weil jemand anders missbraucht wurde und wir verschont blieben. Wir sind wütend auf denjenigen, der uns missbraucht, oder auf die Tatsache, dass Kindesmissbrauch in allen Formen und Schweregraden täglich in unserer Welt vorkommt. Aber wir müssen weitergehen. Wir müssen die Leiter hinabsteigen und jenseits der Scham und der Wut gelangen. Und da ist sie wieder: Angst.

Wir haben Angst, dass wir die Aufmerksamkeit, die wir wollen, nicht verdienen oder ihrer nicht wert sind. Wir haben Angst, unser Unbehagen oder unseren Schmerz einzugestehen, weil wir fürchten, damit vor unserer Schwäche zu kapitulieren. Wir haben Angst – und gelernt, daran zu glauben – dass jedweder Ausdruck von Unzufriedenheit nichts ist als leeres, sinnloses Gejammer. Wir haben vor einer Menge Dinge Angst, vor allem davor, dass ein genauerer Blick auf unser Leben uns unseren schlimmsten Albtraum offenbaren könnte: Sinnlosigkeit.

Natürlich kann ich niemandem garantieren, dass er Sinn und Bedeutung finden wird, wenn er nur genügend Zeit und Energie darauf verwendet, sein eigenes Leben zu ergründen. Ja, ich hege sogar grundsätzlich Misstrauen gegenüber Menschen, die mir erzählen, sie würden den wirklichen Sinn und Zweck ihres Daseins kennen – sie trügen ihn sicher verpackt und verschnürt bei sich. Dem ziehe ich die Weisheit Viktor Frankls vor, eines Psychiaters, Autors und Überlebenden der Konzentrationslager des Zweiten Weltkrieges. Dr. Frankl sagt uns, wir sollen nicht fragen „Was ist der Sinn meines Lebens?", sondern stattdessen erkennen, dass jeder von uns sich der Frage stellen muss: „Welchen Sinn willst du deinem Leben geben?" Diese Frage ist exzellent und wahrscheinlich die einzige, die wir jemals brauchen – eine Frage, die zu beantworten ich hoffentlich nie aufhören werde.

Sie lässt sich praktisch wie ein flexibles Werkzeug anwenden. Wir können sie stellen, um unser Leben an sich zu erkunden oder um einzelne Aspekte unseres Lebens genauer zu betrachten. Welchen Sinn will ich meinem Leben als Elternteil, als Ehepartner, Freund oder Arbeitender geben? Oder wir beziehen sie auf bestimmte Ereignisse oder Zeitabschnitte. Welchen Sinn will ich meinem Leben nach diesem Desaster, diesem schweren Verlust oder diesem Erfolgsdurchbruch geben? Aber die wahrscheinlich größte Wirkung erzielen wir, wenn wir Dr. Frankls Frage täglich an uns richten: Welchen Sinn will ich meinem Leben heute geben? Wir sollten sie so oft wie möglich stellen, denn sie hilft uns, wach zu bleiben.

Selbst die Wahrnehmung unserer Unzufriedenheit, unseres Unbehagens und unseres Schmerzes kann uns in eine positive Richtung führen, so lange wir wissen, was wir mit den Informationen anfangen sollen, die wir gewinnen. Eine meiner liebsten Metaphern ist die, Unzufriedenheit mit Benzin zu vergleichen.

Wenn wir dasitzen und die Dämpfe einatmen, zerstört es unsere Gehirnzellen, führen wir es aber seinem eigentlichen Gebrauchszweck zu, bringt es uns überall hin, wo wir hin wollen. Doch statt unsere Unzufriedenheit als Treibstoff zu sehen, hat man uns beigebracht, dass Unzufriedenheit das Gegenteil von Dankbarkeit ist. Sie ist verwerflich, weil wir damit Undankbarkeit äußern. Überlegen wir einmal, wie oft wir die Stimme unserer Unzufriedenheit von der weit lauteren, vorwurfsvollen Stimme ersticken ließen, die uns der Undankbarkeit bezichtigte. Und überlegen wir auch, wie oft andere Menschen als die lautere Stimme fungierten oder wir selbst ihnen gegenüber diese Stimme verkörpern.

Diese Betrachtungen können uns eine Art Landkarte liefern, anhand derer wir den Weg zu persönlicher Reifung und jener Erleuchtung finden, die wir suchen. Unsere Karte nimmt Gestalt an, sobald wir lernen, auf alles zu achten. Wir müssen den unlösbaren Fragen zuhören („Warum ich und du nicht, oder warum du und ich nicht?"), müssen uns der Wut oder Scham hinter der Frage bewusst werden und die Angst erkennen, die sich hinter dieser Wut oder Scham verbirgt. Unsere Angst ist immer dazu da, uns zu beschützen – auch wenn sie oft fehlgeleitet ist. Wenn wir uns dieser Angst stellen, müssen wir deshalb die Frage stellen, „Wovor willst du mich schützen? Welche Gefahr nimmst du wahr?"

Und wir sollten sehr still dasitzen und horchen, welche Antworten wir bekommen.

June saß auf ihrem üblichen Platz, vorgebeugt, die Unterarme auf die Knie gestützt und die Hände vor sich gefaltet. Ich hatte ihr empfohlen, sich vorzubeugen, weil diese Körperposition hilft, Kraft und Vertrauen einzuflößen. An diesem Tag begegnete sie ihrer Angst von Angesicht zu Angesicht. Ein ahnungsloser Betrachter hätte gesagt, sie säße einem leeren Klappstuhl gegenüber.

„Fragen Sie, wovor sie Sie beschützen will", sagte ich June, und sie richtete die Frage an den leeren Stuhl.

Dann stand sie auf, setzte sich auf den Klappstuhl und beantwortete die Frage, wobei sie die Rolle ihrer Angst einnahm. „Ich beschütze dich vor dir selbst, wie immer." Ihre Stimme war anders als sonst, monotoner, flacher und mit einem Anflug von Ungeduld.

Nun wechselte sie wieder auf „Junes Stuhl" und setzte den Dialog fort. June hatte seit langem ihre Unsicherheit überwunden, die sie anfangs bei diesen Gesprächen mit sich selbst hatte. „Ich brauche dich nicht, um mich vor mir zu schützen. Vielleicht habe ich dich irgendwann gebraucht. Nein, ich bin sogar sicher, dass ich dich früher brauchte. Aber das ist vorbei", sagte June.

„Das ist Quatsch, und das weißt du auch. Ich bin nur zu deinem Besten hier, und ich werde mich nicht zurückziehen, nur weil du diese alberne Therapie machst." (Die inneren Stimmen, die wir in der Psychotherapie zu Wort kommen lassen, äußern sich häufig zynisch und abfällig über die Therapie, selbst wenn die Klienten mit Enthusiasmus bei der Sache sind.)

Bei diesen Gesprächen kam mir eher die Rolle des Trainers als die des Therapeuten zu, und in dieser Eigenschaft mischte ich mich ein und richtete eine Frage an Junes Angst: „Da ist etwas, von dem du glaubst, June würde nicht allein damit fertig, richtig?"

June war daran gewöhnt, dass ich mich an ihrem inneren Dialog beteiligte, und antwortete prompt: „Und ob!"

„Und was genau ist das, was sie nicht ohne dich schafft?"

„Na, alles. In Beziehungen hat sie immer schon auf ganzer Linie versagt, also wie kommt sie darauf, sie könnte auch nur ansatzweise damit klarkommen, verheiratet zu sein?"

„Dann bist du da, um ihr die Verlobung auszureden. Ist das der Plan?"

Junes Angst zuckte gleichgültig mit den Schultern. „Ja, das ist wohl der Plan."

„Weil du glaubst, sie könnte nicht damit zurechtkommen, verheiratet zu sein, wirst du alle Hebel in Bewegung setzen, die Beziehung lieber heute als morgen zu beenden?"

„Nein, sie muss die Beziehung nicht unbedingt gleich beenden. Ich will sie bloß davon abhalten, sich zu verloben, weil diese Verlobung ein Fehler ist."

Plötzlich setzte June sich wieder auf ihren Stuhl; sie hatte ihrer Angst etwas zu sagen. „Das ist meine Beziehung. Ich entscheide, ob ich mich verloben will oder nicht. Da hast du dich gefälligst nicht einzumischen!"

Ich sprach June an. „Sie wirken wütend. Wie fühlt sich das an?"

Sie schwieg einen Moment, schloss die Augen und öffnete sie wieder. „Zuerst wollte ich antworten, dass es sich unangenehm anfühlt, aber das stimmt nicht. Irgendwie ist es gut, oder zumindest anders. Ich weiß nicht, es ist merkwürdig."

June und ich nutzten die letzten paar Minuten dieser Sitzung, um über ihre spontane Wut zu sprechen, mit der sie auf ihre Angst reagierte. Sie beschrieb diese Erfahrung als „merkwürdig", ein Adjektiv, dass ich in der Arbeit mit Klienten als Indikator für Fortschritt verstehen gelernt hatte. Etwas fühlt sich merkwürdig an, weil es neu ist. Für June war es wichtig, dass sie „merkwürdig" in ihrem Fall als gut und nicht schlecht deutete, wie sie zuerst gedacht hatte.

Wenn wir anfangen, die Veränderungen anzustreben, die wir erreichen wollen, stellt sich gewöhnlich eine weitere Angst ein – die Angst vor dem Neuen, dem unbekannten Terrain. Für die meisten von uns verbindet sich mit „Vertrautem" ein Gefühl der Sicherheit, selbst wenn dieses Vertraute als unbehaglich, isolierend und schmerzvoll erfahren wurde. Wir müssen aufmerksam darüber wachen, welche

Fortschritte wir erkennen und weiterverfolgen sollten. Und dabei sollten wir darauf vorbereitet sein, dass sie sich anfangs „merkwürdig" anfühlen werden, sonst fallen wir allzu leicht in unsere vertrauten Dysfunktionen zurück. Das Festhalten am Vertrauten kann wie eine fatale Schwerkraft wirken, der wir uns unterwerfen.

Wenn wir ängstlich sind, brauchen wir Bestärkung. Wenn wir uns vor dem Unbekannten ängstigen, kommen zwei verschiedene Formen der Bestärkung in Frage, und am besten sollten wir ein bisschen von beiden bekommen. Die eine ist die „Ich glaube an dich" – Form der Ermutigung. Wir fühlen sie, wenn jemand, dem wir vertrauen, Vertrauen in uns setzt. Es ist nicht vernünftig und schon gar nicht wünschenswert, diese Form der Bestärkung zu brauchen, doch manchmal bekommt die kulturelle Botschaft, Stärke wäre gleichbedeutend mit Selbstständigkeit, eine solche Übermacht, dass wir es für ein Zeichen von Schwäche halten, überhaupt bestärkt zu werden. Hingegen sollte Stärke vielmehr definiert werden als das Wissen, wann, wie und von wem wir Hilfe erbitten. Trotzige Selbstisolation, die Weigerung, in Phasen der Not irgendjemanden an uns heranzulassen, ist kein Zeichen von Stärke. Wir beweisen weit mehr Stärke – und Mut – wenn wir die Hand ausstrecken und uns anderen öffnen, statt uns hinter Mauern falscher Tapferkeit zu verschanzen. Die meisten von uns brauchen die Ermutigung, die uns andere geben, indem sie sagen „Ich glaube an dich", und dennoch fehlt uns häufig die Fähigkeit, dieses Vertrauen wirklich anzunehmen.

Zu wissen, dass jemand an uns glaubt und davon überzeugt ist, dass wir die uns bevorstehende Aufgabe bewältigen können, ist hilfreich, garantiert aber noch keinen Erfolg. Damit wären wir bei der zweiten Form der Bestärkung, die wir brauchen, um uns darauf vorzubereiten, dem Unbekannten entgegenzutreten: Wir müssen akzeptieren, dass es keine Garantien gibt. Auf den ersten Blick scheint dieses Akzeptieren unvereinbar mit Ermutigung, und dennoch wissen wir, dass es wahr ist. Es gibt keine Garantien. Wir hören es, und sprechen es selbst so oft aus, dass es längst zu einem Klischee geworden ist. Trotzdem verharren wir zögernd am Rande des unbekannten Terrains und – ob wir es zugeben oder nicht – warten darauf, dass irgendetwas oder irgendjemand uns eine Garantie für den Erfolg gibt.

Ich hatte mir angehört, wie Junes Angst sich gegen ihre Verlobung und ihre Heirat aussprach. Nun hätte ich ihr sagen können, sie bräuchte keine Bedenken zu haben, weil ich sicher wäre, sie könnte damit „zurechtkommen", aber was hätte ich damit bewirkt? Ihr zu sagen, dass ich wirklich an sie glaube und sehe, welche Fortschritte sie in der Therapie macht, wird gewiss etwas nützen, doch wenn ich ihr erzähle, ich könnte die Folgen ihrer Entscheidung vorhersagen, erschüttere ich damit höchstens meine Glaubwürdigkeit. Ich würde damit vorgeben, etwas zu können, von dem wir beide wissen, dass ich es nicht kann. Und wenn ich als ihr Helfer meine Glaubwürdigkeit erschüttere, schmälere ich zugleich den positiven Effekt, den mein Glauben an sie haben kann.

Der wirkungsvollste Schritt, den jeder von uns an der Schwelle zu Neuem und bislang Unerforschtem ergreifen kann, lässt sich am besten folgendermaßen umreißen: wir nehmen alles Vertrauen, das wir in uns selbst haben, zusammen mit dem Vertrauen, das andere in uns setzen („Ich glaube an dich"), und treten mit einem Fuß fest vor. Wir machen einen Schritt zu auf das, was kommen wird. Wir fordern unsere Angst auf, zu uns zu sprechen. Wir verstecken uns nicht vor ihr, sondern blicken ihr in die Augen und hören uns an, was sie zu sagen hat, womit sie uns droht, und dann holen wir tief Luft und sagen, „Ich bin bereit, es zu wagen."

„Wenn du das machst, wird es dir Leid tun", liebt unser Tyrann uns zu warnen.

„Ich bin bereit, es zu wagen."

„Du kannst sicher sein, dass du dich vollkommen lächerlich machst."

„Vielleicht. Ich bin bereit, es zu wagen."

„Das kannst du nicht. Du hast früher schon versagt, und du wirst bestimmt wieder versagen."

„Ich habe früher versagt und es überlebt. Ich bin bereit, es zu wagen."

„Meinetwegen. Dies ist deine letzte Chance. Wenn du es wieder vermasselst, ist alles vorbei." Nun fährt der Tyrann sein ganz großes Geschütz auf und kommt mit seinem berühmten Letzte-Chance-Ruf.

Und wir antworten: „Das bezweifle ich, aber selbst wenn es so ist, ich – bin – bereit – es – zu – wagen." Dabei stellen wir uns bildlich vor, wie wir die Worte laut und deutlich sagen, über die Schwelle treten und den Tyrannen, der sich uns in den Weg stellt, mit einer kräftigen Armbewegung beiseite schubsen.

Dieser Szene zuzusehen, ob sie sich im Kopf eines Klienten abspielt oder wir sie in einer Gruppentherapie vorspielen, wird niemals langweilig. „Ich bin bereit, es zu wagen" ist deshalb so wirkungsvoll, weil wir damit den bestmöglichen Gebrauch von dem Vertrauen machen, das wir und andere in uns setzen, und außerdem eine absolut glaubwürdige Position beziehen. Wir haben keine Garantien, und das wissen wir. Kann ich versagen? Ja. Werde ich versagen? Vielleicht. Werde ich mich verstecken und mich zurückziehen? Nein, ich bin bereit, es zu wagen.

Keinem von uns bleiben diese Fragen erspart. Überlegen wir doch einmal, was wir alle gemein haben. Ungeachtet unserer unterschiedlichen Lebensgeschichten, erfahren wir alle Unzufriedenheit – kleine, mittlere oder große – und natürlich reagieren wir alle auf diese Unzufriedenheit. Die wichtige Frage ist allerdings, wie wir darauf reagieren. Auf einer der Karten an meiner Wand steht: „Verschwende deine Unzufriedenheit nicht, sondern nutze sie als Treibstoff."

Angst meldet sich meist als erster Freiwilliger, wenn es um Reaktion geht. Jeder von uns kann Geschichten darüber erzählen, wie er die Dämpfe der Unzufriedenheit inhalierte, wenn er den Treibstoff – bewusst oder unbewusst – nutzte, um sich zu benebeln, sich abzulenken oder sich vorzumachen, dass nichts anderes getan werden könnte oder müsste. So sehen unsere negativen oder ausweichenden Reaktionen aus, die uns die Angst vorgibt. Sie sind bezeichnend für Phasen, in denen wir uns hinter vermeintlicher Inkompetenz verstecken, uns in unsere eigene Trägheit zurücklehnen oder Zuflucht suchen in dem Glauben, wir hätten gar nicht verdient, was wir im Leben wollen. Doch ebenso kennen wir auch Geschichten, in denen wir unseren Treibstoff richtig verwendet haben – in denen wir aktiv auf unser Unbehagen reagiert haben und uns nicht von unserer Angst aufhalten ließen. Dies sind die Momente, in denen wir auf unsere Unzufriedenheit zugegangen sind, anstatt vor ihr zu fliehen oder uns vor ihr zu verstecken. Und es sind wichtige Momente, die häufig mit Schmerz verbunden waren, dafür aber Veränderungen zum Besseren bewirkten.

Wir alle wünschen uns Veränderungen und können sie erfolgreich bewirken. Dennoch sind wir zugleich mit Mechanismen ausgestattet, die unseren Erfolg sabotieren. Ich erzählte kürzlich einem Klienten, dass das unausgesprochene Motto meines Lebens über viele Jahre lautete, „Du brauchst mich nicht in meinem Fortkommen zu bremsen. Spar dir deine Kräfte, ich schaffe das ganz allein."

Selbstsabotage ist nichts als eine Reaktion auf Angst. In den meisten Fällen handelt es sich um eine Vermeidungstaktik, die wir aus dem Bedürfnis heraus wählen, uns selbst schützen zu wollen. Junes Angst sagte ihr, sie solle vermeiden, sich zu weit auf die Beziehung einzulassen, weil sie damit nicht „zurechtkommen" könnte.

So gut wie jeder reagiert auf Angst mit Vermeidung. Wir suchen Zuflucht in unseren Möglichkeiten. So lange es etwas gibt, das wir in der Zukunft tun werden (z. B. abnehmen, mit dem Trinken aufhören, ein Buch schreiben, eine neue Karriere beginnen), betrachten wir uns als potenziell schlank, nüchtern, produktiv oder beruflich erfolgreich. Sobald wir allerdings aktive Schritte auf unser Ziel zu ergreifen, gerät der Traum von unserem Potenzial in Gefahr. Jetzt tritt der Moment ein, in dem wir notwendige Risiken auf uns nehmen müssen und damit zwangsläufig unsere Träume dem Vergleich mit der Realität aussetzen. Vielleicht erreichen wir unsere Ziele nicht. Vielleicht scheitern wir. Und angesichts dieser möglichen Resultate scheint es weit bequemer, bei unseren Potenzialen zu bleiben.

Die Wahrnehmung unseres Potenzials ist ein überaus beliebter Rückzugsort. Es ist der Platz in unserem Verstand, an dem das Zögern herrscht, an dem wir uns mit hübschen Bildern von all dem betäuben, was wir sein werden und erreichen werden – später.

Einer der ganz klaren Vorteile ein geouteter, genesender neurotisch-depressiver, alkoholkranker Psychotherapeut zu sein, besteht zweifellos darin, dass ich meinen Klienten erzählen kann, wie verrückt ich war – und noch sein kann. Damit biete ich ihnen einen Platz, an dem sie sich mit ihren Neurosen nicht vollkommen fremd fühlen. Wir alle neigen dazu zu glauben, wir wären anders als die anderen, und dabei haben wir mehr Gemeinsamkeiten als Unterschiede vorzuweisen. So wie ich lernen musste, mir ein Recht auf Hilfe zuzubilligen, obwohl meine persönliche Geschichte weniger schlimm ist als die vieler meiner Klienten, müssen wir alle lernen, unsere gemeinsame Basis zu sehen: Bescheidenheit. Auf einer meiner Wandkarten wird sie wie folgt definiert: „Bescheidenheit ist die Erkenntnis, dass ich weder besser noch schlechter bin als irgendjemand anders."

Normalerweise benutzen wir Bescheidenheit eher in dem Sinne, dass wir nicht zu viel von uns selbst halten sollten. Niemand mag Arroganz – außer vielleicht den arroganten Menschen. Und es ist wichtig, genauer hinzuschauen, wenn sich Tendenzen zu einem aufgeblähten Ego zeigen, insbesondere da Arroganz normalerweise eine Tarnung für Unsicherheit ist. Deshalb steht auf einer anderen Karte an meiner Wand: „Arroganz kann es nur da geben, wo keine echte Selbstliebe ist."

Doch die Akzeptanz unserer Gemeinsamkeiten mit anderen wird noch durch ein weiteres Ego-Problem gestört. Ich nenne dieses Problem „negative Arroganz". Sie ist die Wahrnehmung unserer selbst als minderwertige, schlechtere Menschen als andere. Wir gehen von vornherein davon aus, diejenigen zu sein, die am wenigsten Aussichten auf Erfolg haben. Negativ-arrogante Menschen tragen ein ebenso unrealistisches Selbstbild mit sich herum wie im traditionellen Sinne arrogante. Doch statt sich permanent für besser als andere zu halten, unterschätzen sie ihr positives Reifungspotenzial und überschätzen ihre destruktiven Kräfte. Sie sind die Leute, die sich dauernd entschuldigen, sogar wenn es überhaupt nichts gibt, wofür man sich entschuldigen müsste. Und wenn man sie darauf anspricht, wie enervierend ihre ständigen Entschuldigungen sind, entschuldigen sie sich natürlich dafür.

Im Folgenden zitiere ich ein Credo für mich und meine negativ-arroganten Brüder und Schwestern. Wer sich damit identifizieren kann, sollte es in greifbarer Nähe aufbewahren, um hin und wieder darin zu lesen und sich daran zu erinnern, wozu wir uns mit unserer „negativen Arroganz" bekennen.

Wir geben zu, dass wir im Unrecht sind

Wir, die wir Menschen mit einem niedrigen Selbstwertgefühl sind, erklären uns allzeit bereit, unsere Fehler zuzugeben. Wenn im Umkreis von hundert Meilen etwas Schlimmes passiert, finden wir einen Weg, die Schuld dafür auf uns zu nehmen. „Es muss an mir liegen", nehmen wir automatisch an.

Gibt es einen Konflikt, und ich bin ich und du bist du, dann muss ich derjenige sein, der Unrecht hat ... irgendwie.

Doch in einem Punkt können wir (Menschen mit niedrigem Selbstwertgefühl) niemals zugeben, im Irrtum zu sein, nämlich im Hinblick auf unseren niedrigen Selbstwert. An diesem Glauben, dass wir im Unrecht sind, schlecht und minderwertig, halten wir unumstößlich fest. Daher haben wir überhaupt nicht den Raum oder die Energie für irgendetwas Neues – schon gar nicht für so neues und radikal anderes wie etwa, uns in unserer Haut wohl zu fühlen.

In Wahrheit sind wir weder schlecht noch minderwertig. Und wir irren uns weit weniger oft als wir ursprünglich dachten. Doch wenn es um den Glauben geht, dass wir wertlos sind, müssen wir ...

WIR HABEN UNRECHT! GEBT ES ZU!

Bescheidenheit ist das Ziel, und dieses Ziel ist gewiss nicht leicht zu erreichen. Bescheidenheit ist nicht nur ein netter Charakterzug oder ein hübsches Kompliment. Sie ist der einzig realistische Ausgangspunkt für alle von uns, die sich entschlossen ihren Ängsten stellen und sie besiegen wollen. Wir wären naiv, wenn wir glaubten, wir können uns unserer Angst entgegenstellen, der Versuchung der Selbstsabotage widerstehen, uns wichtigen Zielen zuwenden und diese Ziele erreichen, während wir unterschwellig dem Glauben verhaftet bleiben, wir wären weniger gut oder hätten weniger verdient als andere. Vor diesem Hintergrund weiterkommen zu wollen, ist ungefähr so lächerlich, als würde ein Alkoholiker erzählen, er wolle seine Sucht loswerden, aber nicht aufhören zu trinken, oder als beteuerte eine magersüchtige junge Frau, sie wollte sich ja besser fühlen, wenn sie dabei nur nicht zunehmen müsste.

Bescheidenheit ist nicht Beschämtheit, denn mit Scham hat sie nichts zu tun. Mein Vater lebte sein Leben lang in dem Glauben, er wäre ein Versager. Als Kind wurde ihm immer wieder vermittelt – durch Worte oder Gesten – dass er nichts taugte, dass er ständig die

Erwartungen anderer enttäuschte und dass, wenn etwas schiefging, es ganz gewiss sein Fehler wäre.

Mein Vater war ein freundlicher Mann – zu jedem außer sich selbst. Und ironischerweise ist genau das der Punkt, an dem er mich im Stich gelassen hat. Ich wuchs mit einem Rollenmodell auf, das von Scham nachgerade zerfressen war. Er hat versucht, mir diese Scham nicht weiterzugeben; ich muss ihm zugute halten, dass er sich als Vater bemühte, weder beschämend noch kritisch zu sein. „Sei glücklich", sagte er zu mir. „Sei stolz auf dich." Für die Botschaft bin ich dankbar, jedoch fehlte ihr eine extrem wichtige Komponente – er konnte mir nicht beibringen, glücklich zu sein oder stolz auf mich selbst. Infolgedessen wurde ich zu einem Mann, der zwischen Wissen und Erfahrung gefangen war. Ich wusste, dass man von mir erwartete, mich wohl zu fühlen, und war ein Experte darin, mich meiner zu schämen.

Ein paar Wochen bevor mein Vater starb, hatte ich die Chance, ihm zu sagen, dass ich gelernt hatte, stolz auf mich zu sein. „Und nicht nur das", sagte ich ihm, „sondern ich kann anderen Leuten beibringen, wie sie es ebenfalls schaffen." Ich dankte ihm für alles, was er mir gegeben hatte, und sagte ihm, ich hoffte, dass er auch stolz auf den Anteil sein könnte, den er an meiner Berufswahl hatte. Ich wollte, dass er wusste, wie glücklich ich war, mich aus eigener Kraft von der Scham befreit zu haben, die ihn ein Leben lang verfolgte und selbst jetzt auf dem Sterbebett nicht von ihm abließ. Im Großen und Ganzen war mein Vater mein bester Lehrer in puncto Selbstmitleid. Ihm zuzuhören und zu beobachten, wie er meinte, nichts von dem Guten in seinem Leben wirklich verdient zu haben, war eine wertvolle Lektion für mich. Dad hatte mir gesagt, was ich tun sollte, und vor allem hatte er mir gezeigt, was passieren würde, wenn ich es nicht tat.

In einem Seminar über Selbstvergebung sprach ich kürzlich diesen Aspekt meiner Vaterbeziehung an. Einer der Teilnehmer stellte daraufhin meinen Gebrauch des Wortes „verdienen" in Frage.

„Wenn Sie mir sagen, ich verdiene etwas Gutes", sagte er, „kommt das bei mir so an, als würden Sie mich sozusagen ,vom Haken lassen'. Kann ich es nicht auch so deuten, dass ich überhaupt nichts zu tun brauche, um etwas zu verdienen, sondern alles Gute auf dem Silbertablett angeboten bekomme?"

„Ich weiß, worauf Sie hinauswollen", antwortete ich dem jungen Mann, der eine Teilnahmegebühr entrichtet hatte und mich gewiss nicht „vom Haken" lassen würde. „Verdienst ohne das gleichzeitige Bewusstsein von Verantwortung wäre tatsächlich ein Problem. Wir alle kennen Menschen, die dieses Problem haben. Und einige von uns zählen gewiss selbst dazu. Sie verhalten sich, als stünden ihnen bestimmte Dinge einfach zu, egal ob sie etwas dafür tun oder nicht."

„Ja", sagte ein anderer Teilnehmer, „und die Person, an die ich dabei denke, war sogar schon in diversen Therapien. Trotzdem glaubt sie, sie bräuchte nur dazusitzen und vor sich herzubeten, was sie erreichen will, damit es ihr in den Schoß fällt."

„Ich weiß, was sie meinen", pflichtete ich ihm bei. „Und ich sage offen, dass auch ich so eine Phase hatte. Im Nachhinein könnte man es so beschreiben, dass ich dasaß und eine Bestellung für Gesundheit, Wohlstand und Glück aufgab, wie andere eine Pizza bestellen: Ich nehme eine positive, liebevolle Beziehung – ohne Pilze – und ein paar hundert Dollar im Jahr – mit grünem Pfeffer. Wann können Sie liefern? Ja, ich erinnere mich sogar, dass ich einer Parapsychologin, die ich aufgesucht und die mir erzählt hatte, ich könnte größere Geldmengen ,erwarten', ernsthaft böse war, als der vorhergesagte Reichtum ausblieb. Heute ist mir beschämend klar, dass ich meiner eigenen Verantwortung aus dem Weg ging und mich stattdessen darauf verlegte, sauer auf die Wahrsagerin oder das Universum zu sein, die ihre Versprechen nicht hielten."

Manch einen mag es erstaunen, aber ich bin immer froh, wenn in den Gruppen, mit denen ich arbeite, ein paar Skeptiker dabei sind. Mit ihren Beiträgen sprechen sie wichtige Punkte an, die uns helfen, das Gleichgewicht zu halten. Schließlich kann alles übertrieben werden, auch die Selbsthilfe.

Was nun die Bemerkung des jungen Mannes zu meinem Gebrauch des Wortes „verdienen" betrifft, so ist hier noch etwas Wichtiges anzufügen. Und ich denke, es lässt sich am ehesten illustrieren, indem ich mich noch einmal auf Franklin D. Roosevelts Rede von den „Vier Freiheiten" beziehe. Die Freiheiten, von denen Präsident Roosevelt sprach – Freiheit der Rede, Freiheit des Glaubens, Freiheit von Not und Angstfreiheit – sind keine Geschenke, die jedem von uns auf einem Silbertablett oder in einem Pizzakarton überreicht werden. Diese Freiheiten stehen für unser Recht auf faire und gleiche Ausgangspunkte, sozusagen ein universelles „Startkästchen".

Wenn ich sage, wir alle verdienen gleich viel, meine ich damit nicht, wir sollten Früchte einer Arbeit ernten, die wir nicht geleistet haben. Ich will vielmehr sagen, dass wir diejenigen internen Botschaften infrage stellen müssen, die uns weismachen wollen, wir gehörten nicht auf dasselbe „Startkästchen" wie alle anderen. Und ich möchte ebenfalls klarstellen, dass meiner Überzeugung nach niemand dahin gelangen wird, wo er hin will, so lange er seine persönliche Verantwortung dafür nicht akzeptiert – ganz gleich ob verdient oder nicht.

Wir müssen unsere negativen Botschaften direkt angehen. Besinnen wir uns auf das, was wir bisher gelernt haben, und stellen uns vor, unser Tyrann säße uns gegenüber. Das Gespräch mit ihm sollte wirklich stattfinden, also sprechen wir laut und tauschen die Plätze, um beide Positionen bewusst räumlich zu trennen, denn nur so können wir sie auch in unserem Denken auseinander halten. Wer unsicher ist oder aus anderen Gründen auf die Stühle-Übung verzichten will, kann auch einen schriftlichen Dialog zwischen sich und dem Tyrannen verfassen.

Und sobald wir diesen Dialog begonnen haben – willkommen auf der letzten Stufe unseres Vier-Schritte-Programms – befinden wir uns in der Position, unsere Reaktion auf die Angst frei zu bestimmen.

Wir fürchten uns vor etwas, bevor wir es hassen; ein Kind,
das sich vor Lärm ängstigt, wächst zu einem Erwachsenen heran,
der Lärm hasst.

Cyril Connolly

Zugabe: Die immer wiederkehrenden Themen des Lebens

„Gott lässt niemanden durchfallen, aber er lässt uns viele Prüfungen wiederholen." Das ist der Text auf einer meiner Wandkarten. Ist uns allen nicht schon aufgefallen, dass es bestimmte Themen gibt, die die leidige Angewohnheit haben, sich wieder und wieder in unser Leben zu drängen? Gerade wenn wir glauben, wir hätten eine Sache ein für allemal geklärt, taucht sie prompt wieder auf – eine von Gottes Prüfungswiederholungen.

Manchmal sind diese Themen bestimmte Ängste, denen wir wiederholt begegnen und die uns jedes Mal aufs Neue zu einem abrupten Halt veranlassen. Junes Angst, sich in einer intakten Beziehung fest zu binden, ist ein gutes Beispiel für ein Lebensthema, das einfach nicht verschwinden will. Kyle ist ein Klient, dessen wiederkehrendes Thema – Quelle unzähliger Prüfungswiederholungen – die Aufgabe ist, mentale und emotionale Lähmung zu überwinden, wann immer er kurz vor einem Erfolg steht. Kaum sieht es so aus, als könnte seine harte Arbeit sich ausgezahlt haben, da erscheint sein Tyrann auf der Bildfläche und hält ihm eine ganze Liste von Gründen unter die Nase, warum Kyle besser noch einmal darüber nachdenken sollte, ob er dem bevorstehenden Erfolg gewachsen ist und ihn überhaupt verdient.

Kyle beschreibt es so: „Gerade wenn ich auf die Tür zugehe, die Hand auf die Klinke lege und bereit bin, endlich hinauszugehen und den Erfolg anzunehmen, von dem zumindest ein Teil von mir glaubt, ich hätte ihn verdient, räuspert sich mein Tyrann und sagt, ,Hältst du das wirklich für eine gute Idee, Kyle?'"

Die scheinbar harmlose Frage steckt voller Fallen. Kyle, der schlagartig von Angst in Form von Selbstzweifel erfüllt ist, dreht sich um und setzt sich, um geduldig anzuhören, welche Liste von Dingen, die ihm Angst machen sollten, sein Tyrann ihm vorträgt.

Unsere größten Ängste zu erkennen, ist nicht das Ziel unserer persönlichen Reifung, oder zumindest nicht das endgültige Ziel. Doch so verrückt es klingen mag, die Suche nach diesen Ängsten macht einen wichtigen Teil des Prozesses aus. Wiederkehrende Ängste sind Hinweise. Wenn wir mit Angst konfrontiert werden, ist unser erster Reflex, in die andere Richtung davonzulaufen. Immerhin entspricht dieses Verhalten exakt dem, wozu die Angst uns rät. Wollen wir aber über unsere Ängste hinauswachsen, müssen wir uns anders entscheiden. Wir müssen die Wahl treffen, nach unseren Ängsten zu suchen und sie zu erkunden, insbesondere solche, die wiederholt auftreten. Sie geben uns wesentliche Tipps bei unserer internen Forschungsarbeit.

Präsident Roosevelt sagte, das Einzige, was wir wirklich fürchten müssten, wäre die Angst selbst. Das KEINE-ANGST-Motto erinnert uns daran, dass wir uns unseren Ängsten stellen müssen. Und unser Vier-Schritte-Plan besagt, dass wir wiederkehrende Ängste nicht loswerden; wir gehen auf sie zu, erfahren sie und gehen an ihnen vorbei. Die seltsame aber gute Nachricht ist, dass diese Ängste selbst sich nicht zu verändern brauchen. Angst ist nicht das Problem. Unsere Beziehung zur Angst ist ausschlaggebend für die Entscheidungen, die wir treffen. Indem wir unsere Beziehung zur Angst ändern, schmälern wir ihre Glaubwürdigkeit und berauben sie ihrer Macht, uns jederzeit aufzuhalten. Wir degradieren sie sozusagen, verbannen sie auf einen niedrigeren Rang. Vielleicht ist das Einzige, wovor wir uns fürchten müssen, die Angst vor der Angst; möglicherweise war es das, was Präsident Roosevelt meinte.

Der besseren Übersicht halber sollten wir drei Kategorien von wiederkehrenden Lebensthemen unterscheiden: *Angstthemen*, *Hindernisthemen* und *Themen rund um persönliche Wünsche und Bedürfnisse*. *Angstthemen* sind geradeheraus, weil der Tyrann uns genau sagt, wovor wir uns fürchten müssen. Hier gibt es keine Tricks, sondern bloß altmodische Schikane. „Du konntest noch nie vor Publikum sprechen", sagt der Tyrann uns beispielsweise. „Du wirst dich heute Abend bis auf die Knochen blamieren." Oder: „Beziehungen sind was für Leute, die damit umgehen können, nicht für dich." Oder: „Es ist absolut sinnlos, dass du dich für diese Beförderung auch nur bewirbst. Du hast nicht den Hauch einer Chance, und selbst gesetzt den absurden Fall, dass du den Posten bekommst, wirst du nicht wissen, was du damit anfangen sollst."

Hindernisthemen sind Denkmuster, Mechanismen, die wir selbst konstruiert haben und in denen wir gefangen sind. Sie blockieren uns in unserem Weiterkommen. *Themen rund um persönliche Wünsche und Bedürfnisse* sind all jene, die uns am wichtigsten sind, weil sie direkt darauf ansprechen, wer wir sind und was uns am meisten bedeutet: unsere Träume, unsere Leidenschaften und unsere Berufung. Auf den ersten Blick scheinen die zwei letztgenannten Kategorien von Lebensthemen tyrannenfrei zu sein. Aber letztlich ist der Bodensatz auch hier wieder Angst. Daher müssen wir erkennen, welches Hindernisthemen und welches solche sind, die sich auf unsere persönlichen Wünsche beziehen. Nur so können wir uns der Arbeit bewusst werden, die wir zu leisten haben, wenn wir uns der

Angstkontrolle entziehen wollen. Unser Vier-Schritte-Programm und die Leiter-Technik funktionieren bei allen drei Kategorien sehr gut.

Steven wollte von den Menschen „verstanden" werden. Nun möchten wir alle gern verstanden werden, aber bei Steven war das Bedürfnis, verstanden zu werden, derart ausgeprägt, dass es sich in ein Hindernis verwandelt hatte. Und was das Problem noch verschlimmerte, war, dass Steven besonders das Verständnis anderer zu suchen schien, wenn sie wütend auf ihn waren. Es ist immer wieder erstaunlich, wie erfinderisch wir sein können, wenn es darum geht, uns Enttäuschungen einzuhandeln.

Ich fragte Steven, warum er es für so wichtig hielt, verstanden zu werden.

„Ich weiß nicht. Ich fühle mich schlecht, wenn man mich nicht versteht."

Ich wollte ihn die Leiter hinabführen, damit wir auf einen brauchbaren Ansatzpunkt stoßen würden.

„Wenn jemand mich nicht versteht, dann …", begann ich.

„Dann denkt er, ich habe Unrecht", ergänzte er den Satz ohne zu zögern.

„Wenn jemand denkt, ich habe Unrecht …", fuhr ich fort.

„Wenn ich Unrecht habe …" sagte er nachdenklich, und ich unterbrach ihn.

„Nein, ich sagte nicht ‚Wenn Sie Unrecht haben', sondern, ‚Wenn jemand denkt Sie haben Unrecht'."

Er sah mich verwirrt an, als wollte er sagen, „Wo ist da der Unterschied?"

Manchmal entdecken wir schon auf der ersten oder zweite Sprosse etwas sehr Wichtiges, wie in Stevens Fall. Vielleicht wäre es auch korrekter zu sagen, Steven übersprang mehrere Sprossen und kam direkt beim „Unrecht haben" an. Wenn jemand wütend auf ihn war, was, wie wir später herausfanden, bedeutete, die betreffende Person vertrat eine andere Meinung als er, verwarf Steven seine Ansichten, ohne noch einmal darüber nachzudenken. Anschließend mühte er sich weiter darum, verstanden zu werden, kämpfte buchstäblich um das Verständnis des anderen (d.h. er suchte Bestätigung via Übereinstimmung), jedoch nicht weil er dachte, er wäre im Recht. Steven war bereits als Kind wieder und wieder gesagt worden, er hätte Unrecht, so dass er unbewusst davon ausging, er könne nur „Recht" haben, wenn er dafür die Bestätigung von anderen erhielt. So lange jemand ihn nicht verstand – wobei es hier eher um Bestätigung als Verständnis im traditionellen Sinne ging – war Steven im Unrecht.

Sein Hindernisthema war also „im Unrecht sein" und entpuppte sich als eine ganze Serie verschiedener Hürden, die alle auf eine falsche Selbsteinschätzung hinausliefen. Und an der Basis dieser fehlerhaften Selbsteinschätzungen, die Steven und ich entdeckten, lag eine tiefe Angst davor, abgelehnt und allein gelassen zu werden.

Sicher wäre es an und für sich hilfreich gewesen, Steven zu der Erkenntnis zu verhelfen, dass er anderen Menschen zu viel Autorität über sein Selbstbild gab. Andererseits hatte er die Möglichkeit, zu den wirklichen, den tieferen Ängsten vorzudringen, die jenseits dieser Hindernisse lagen. Und nur das Erkennen dieser Ängste würde langfristige Heilung versprechen.

Ein Hindernis, mit dem meine Frau Dede im Laufe der Jahre immer wieder konfrontiert war, bestand darin, in Zeiten großer Belastung die eigenen emotionellen Bedürfnisse zu identifizieren. Viele Hindernisthemen, mit denen wir wiederholt zu tun bekommen, kreisen um Selbstvernachlässigung und Selbstsabotage, und ihnen allen liegen Ängste zugrunde. Und je weiter wir zu diesen Ängsten vordringen, umso eher sind wir imstande, unsere Hürden niederzureißen und den Prüfungswiederholungen ein Ende zu bereiten – oder sie zumindest in ihrer Häufigkeit einzudämmen.

Walter war 52 Jahre alt, als wir uns begegneten. Er nahm an einem Traumdeutungsseminar teil, das ich gemeinsam mit meiner Freundin und Kollegin Hillary Ellers veranstaltete. Walter war wortgewandt, klug und witzig. Er schien die Übungen zu genießen, Spaß an den Diskussionen zu haben und für sich eine Menge Nutzen aus dem Seminar zu ziehen. Sein Verhalten gegenüber den übrigen Teilnehmern zeugte von einer wachen Wahrnehmung und großem Einfühlungsvermögen. Kurz nach dem Traumseminar rief er in meiner Praxis an und vereinbarte einen Termin.

Ziemlich schnell wurde offensichtlich, dass Walter sich in der Psychotherapie und den unterschiedlichen Methoden, Programmen, Produkten und Angeboten sehr gut auskannte. Er sprach über Transaktionsanalyse, Gestalttherapie, Ko-Abhängigkeiten, Bioenergetik, Wiedergeburt, Urschrei und holotropes Atmen. Dieser Mann wusste so viel, dass es mich bisweilen verunsicherte.

Entsprechend waren unsere ersten Sitzungen eher anregende, intellektuelle Diskurse. Ich unternahm einige vorsichtige Versuche einen Grund zu erkennen, warum er gerade in dieser Phase seines Lebens eine Therapie machen wollte, doch sie perlten an ihm ab wie der sprichwörtliche Wassertropfen vom Rücken der Ente. Walter kam vom Hundertsten ins Tausendste, schlug ziellos mal diese mal jene Richtung ein, ohne dass ich irgendwelche konkreten Themen ausmachen konnte.

Aber ich war der Therapeut, und Walter bezahlte mich für etwas, das ich mir auch verdienen müsste. Also beschloss ich, ein bisschen forscher an die Sache heranzugehen, um endlich zu ergründen, was er sich von der Therapie erwartete. Zu Beginn einer unserer Sitzungen brachte ich den Ball ins Rollen.

„Walter, wir sehen uns jetzt seit mehreren Monaten einmal die Woche, und ich muss offen zugeben, dass ich unsere gemeinsame

Zeit zwar genieße, aber immer noch keine Ahnung habe, was Sie von mir erwarten."

Meine Worte trafen ihn vollkommen unvorbereitet, und für einen Moment schien er verwirrt. Außerdem war ich ziemlich sicher, so etwas wie Wut in seinen Augen aufblitzen zu sehen. Binnen fünf Sekunden hatte er seine Sitzposition gewechselt, seine Beine aufgestellt und wieder übereinandergeschlagen, und schon saß er wieder fest im Sattel. Er antwortete mit einem Scherz: „Ich will geheilt werden – geheilt von Kopf bis Fuß. Ich dachte, das wüssten Sie."

„Natürlich, das ist Nummer 248 im Therapiekatalog: komplette Heilung. Doch was genau bedeutet das für Sie, geheilt zu werden?"

Ich wollte damit die Scherzebene überwinden und sehen, ob ich uns vielleicht auf eine produktivere Ebene bringen könnte.

Das Schweigen, das auf meine Frage folgte, dauerte nur kurz, reichte allerdings aus, um mir zu bestätigen, dass wir einen erfolgreichen Übergang geschafft hatten. Er dachte über meine Frage nach.

„Ich weiß nicht", sagte er, und seine Stimme klang ein wenig leiser als sonst. „Was glauben Sie, was es bedeutet?"

„Das ist eine sehr subjektive Frage", erklärte ich ihm. „Mich interessiert, was Sie jetzt gerade denken."

„Um im Therapeutenjargon zu bleiben", sagte er lächelnd, „ich werde darüber nachdenken müssen."

„Tun Sie das. Auf Fragen wie diese gibt es viele mögliche Antworten. Ich nenne sie ‚Magnetfragen', wichtige Fragen, die wir mit uns herumtragen, und die im Laufe der Zeit eine Menge verschiedene Antworten anziehen. Doch für den Anfang, hier und jetzt, möchte ich wissen, was Ihnen einfällt, wenn Sie über diese Frage nachdenken. Schließen Sie die Augen und wiederholen Sie die Frage: ‚Was bedeutet es für mich, geheilt zu werden?'"

Walter schloss die Augen und saß ruhiger da, als ich ihn jemals gesehen hatte. Mit geschlossenen Augen antwortete er schließlich:

„Für mich bedeutet es zu wissen, wer ich bin und warum ich hier bin."

„Also, wer sind Sie? Warum sind Sie hier?"

„Jetzt bin ich derjenige, der keine Ahnung hat", sagte er.

Auf dem Bücherregal meines hoffnungslos überfüllten Therapiezimmers steht ein kleiner Tonbehälter, auf dessen Etikett die Aufschrift „Haarige Fragen" steht. Daneben ist ein weiterer mit der Aufschrift „Asche der Problemklienten". Beide Behälter habe ich von einem Klienten geschenkt bekommen, mit dem ich mehrere Jahre gearbeitet habe. Glücklicherweise darf ich sagen, dass der „Aschenbehälter" leer ist. In dem anderen mit den „Haarigen Fragen" befindet sich ein kleiner Papierschnipsel, auf dem eine einzige Frage steht: „Was zum Geier ist hier los?" Ich habe keinen Schimmer, wer diese Frage dort hineingeworfen hat, aber sie ist gut. So abgedroschen, klischeehaft und banal sie auch klingen mag, gute Psychotherapie dreht sich letztlich meist um die wesentlichen Fragen. „Wer bin ich?" „Was will ich?" „Was zum Geier ist hier los?"

Walter kam bei diesen existenziellen Fragen an, nachdem er viele Jahre in unterschiedlichen Therapien verbracht, Hunderte von Selbsthilfebüchern gelesen und Dutzende Seminare und Workshops mitgemacht hatte. Er erreichte eine neue Ebene, nachdem wir unseren Sinn für Humor hinter uns gelassen und uns vor allem einem Satz zuwandten, den wir zunächst für einen weiteren Scherz gehalten hatten. „Ich möchte geheilt werden."

Häufig treten Wendepunkte in unserem Leben dann ein, wenn eine Person, ein Umstand oder ein Ereignis uns in unserem „Business as usual" unterbricht, sich in unseren durchorganisierten Alltag drängt und uns vor ein oder zwei wichtige Fragen stellt. „Was ist hier los?" „Wer bin ich?" „Hat das alles überhaupt einen Sinn?" „Und wenn ja, welchen?" So lange wir beim intellektuellen Diskurs bleiben, und erst recht so lange wir alles und jedes mit einem Scherz abtun, bleiben wir in Sicherheit und können uns bis auf weiteres vor den trügerisch einfachen Fragen schützen, die doch in Wirklichkeit sehr verwirrend sind. Einer der vielen Aspekte, die ich an meinem Beruf besonders liebe, ist, dass er mir die Chance gibt, in der Arbeit mit Klienten auf genau diese Fragen zu verweisen. Sie sind wie ein Aufräumtrupp, der sich der Psyche annimmt wie einer Garage, in der wir über Jahre alles angehäuft haben, was uns im Weg war.

Wie ich bereits erwähnte, vertrete ich die Ansicht, ich wäre deshalb zum Therapeuten berufen, damit ich so viel Zeit wie möglich in Therapien verbringen könne. Denn ich kann anderen nur helfen, diese Fragen in ihrem Leben zuzulassen und sich ihnen zu stellen, wenn ich dasselbe fortlaufend auch für mich tue. Ich gebe nicht vor, die Antworten zu haben, wenngleich ich Phasen erlebt habe, in denen sie für einen Moment aufleuchteten. Doch ich nahm sie gleichsam aus dem Augenwinkel wahr, und bevor ich mich umdrehen konnte, um genauer hinzusehen, waren sie schon wieder verschwunden. Mittlerweile bin ich an einem Punkt meines Lebens angekommen, an dem mir die Antworten aus menschlicher Sicht – die angesichts der Weite des Universums reichlich begrenzt wirkt – nicht ansatzweise so wesentlich erscheinen wie die Fragen. Sie wieder und wieder ans Licht zu bringen, hilft uns, wach und aufmerksam zu bleiben und zumindest einen sinnvollen Weg zu suchen.

Walter und ich fanden heraus, dass ein besonders großes Hindernisthema in seinem Leben ironischerweise das ununterbrochene Streben nach persönlicher Reifung war. Als ich glaubte, er würde ziellos von einem Thema zum anderen wechseln, erkannte ich den Wald vor lauter Bäumen nicht. Was ich nicht sah, war, dass Walter wachsen wollte, ohne dabei ein Ziel vor Augen zu haben. Wie die sich wiederholenden Angstthemen sind auch die Hindernisthemen in unserem Leben Fingerzeige. Sie sind dazu da, unsere Aufmerksamkeit zu erregen, unser Interesse zu wecken und uns schließlich den Weg zu unserem Tyrannen zu weisen. So lange Walter sich mit den verschiedenen Therapieformen, der Selbsthilfe und den Techniken zur besseren Selbstwahrnehmung beschäftigte, konnte er in seinem Kopf keinen Raum schaffen, um das erfahren zu müssen, was er und ich schließlich als seine größte Angst ausmachten: dass er vielleicht ein sinnloses Dasein führte.

Diese Angst zu entdecken und sich ihr zu stellen, brachte Walter in der Therapie zwangsläufig dahin, sich auf die Themen rund um seine persönlichen Wünsche und Bedürfnisse zu konzentrieren – der dritten Kategorie wiederkehrender Themen. Das geschieht häufig: Wenn wir unsere Ängste erkennen und ihnen zuhören, können wir unsere persönlichen Wünsche und Bedürfnisse identifizieren, die so offensichtlich in das einfließen, was unsere Angst uns verrät. Die Angst meiner Frau, wir könnten nicht auf unserer Farm bleiben, drückt vor allem aus, wie wichtig ihr die Beziehung zu den Tieren ist, die sie über alles liebt. Und für Walter war die Angst davor, ein sinnloses Leben zu führen, der Motor, der ihn auf der Suche nach dem individuellen Sinn antrieb.

Nun sind persönliche Wünsche und Bedürfnisse weniger wiederkehrende als vielmehr konstante Themen. Sie sind immerzu da, auch wenn wir häufiger im Laufe unseres Lebens den Kontakt zu ihnen verlieren. Manchmal sind es Träume, die wir lange schon vergessen haben. Dann besteht unsere Aufgabe darin, sie wiederzufinden und uns die (innere) Erlaubnis zu erteilen, unsere Möglichkeiten zu erforschen, diese Träume wahr zu machen. Mein Vater erzählte mir irgendwann, sein Traum wäre immer gewesen, Waldhüter zu werden. Er ist diesem Traum nicht gefolgt, weil sein Vater darauf bestand, dass er das Familiengeschäft weiterführte. Doch obwohl mein Vater sich nie gestattete, seinem Bedürfnis nachzugeben, blieb der Wunsch sein Leben lang da. Wenige Wochen vor seinem Tod sagte er mir, seine Angst vor dem Versagen hätte ihn davon abgehalten, es zu wagen. Und dabei starb er in dem Glauben, sowieso in allem versagt zu haben, was ironisch und tragisch zugleich anmutet.

Unsere persönlichen Wünsche beeinflussen uns alle, ob wir sie wahrnehmen oder nicht. Leider finden wir häufig nicht zu ihnen, weil die wiederkehrenden Hindernisse und Ängste uns den Weg blockieren. Viel zu oft ist unser Leben von Dingen bestimmt, denen wir uns kampflos fügen, statt eigene Entscheidungen zu treffen. Wir akzeptieren Denkweisen und Wertesysteme, die man uns gibt, und lassen die Umstände unseres Lebens darüber entscheiden, in welche Richtung wir gehen. Dabei erkennen wir überhaupt nicht, dass es unsere Sache ist, was wir mit unserem Leben anstellen. Der Gedanke, die persönlichen Wünsche wären nicht nur eine wichtige, sondern eine wesentliche Voraussetzung für ein erfülltes und verantwortungsbewusstes Leben, erscheint uns lächerlich, idealistisch, naiv oder selbstsüchtig. Genauso lebte mein Vater – ein braver Mann, der nie daran glaubte, sein Leben selbst bestimmen zu können. Ich glaube, er war froh zu erfahren, dass ich der Gefangenenmentalität, die sein Selbstbild prägte, entkommen war, auch wenn er diese Chance für sich selbst wohl nie gesehen hat.

Walter stieß bei seiner Sinnsuche auf ein bestimmtes Hindernis, das ich unbedingt erwähnen möchte, weil es für eine typische Fehlwahrnehmung steht, die viele von uns in ihrem Fortkommen bremst. Dieses Hindernis ist die Annahme, der Sinn unseres Lebens wäre etwas, das uns von vornherein vorbestimmt ist, anstatt dass wir ihn uns selbst wählen. Ich zucke jedes Mal zusammen, wenn ich jemanden sagen höre, „ich möchte wissen, wozu ich bestimmt bin", oder wenn jemand auf eine bestimmte Situation mit den Worten reagiert, „ich frage mich, was ich daraus lernen soll". Solche Aussagen schränken unser Denken gefährlich ein, weil wir damit unterstellen, es gäbe so etwas wie „die Auflösung am Ende des Buches", die eine richtige Antwort auf unsere Frage bereithält. Dabei ist es weit produktiver, andere Fragen zu stellen, nämlich „Welchen Sinn möchte ich meinem Leben geben?" und „Welche Dinge kann ich aus der Situation lernen?"

Manchmal weckt die Rückbesinnung auf unsere persönlichen Wünsche und Träume auch tiefe Trauer. Bailey ist eine 53-jährige Frau, die nie verheiratet war und keine Kinder hat. Sie begann ihre Therapie bei mir vor zwei Jahren, weil sie an schweren Depressionen litt. Mittlerweile hat sie ihre Depressionen überwunden, und erst kürzlich „erinnerte" sie sich daran, wie wichtig ihr der Traum, Kinder zu bekommen, als junge Erwachsene gewesen war. Die Chance, diesen Traum wahr zu machen, gab es nicht mehr, und darüber trauerte sie. Ich gehe davon aus, dass wir, sobald Bailey ihre Trauer bewältigt hat, darüber sprechen werden, welche Alternativen es zu ihrem ursprünglichen Traum gibt – Adoption, Pflegeelternschaft, Arbeit mit Kindern als Lehrerin, Mentorin, etc.

Das geschieht häufig, wenn Menschen die anfängliche Krise überwinden, die sie überhaupt dazu brachte, eine Therapie zu beginnen. Wenn sie bleiben, bis sich die ersten Rauchwolken verzogen haben, treten die persönlichen Wünsche an die Oberfläche. Die wichtige Frage, die dann auftaucht, lautet: „Wie hatte ich mir mein Leben vorgestellt?"

Wir alle müssen uns diese Frage stellen: „Was wollte ich eigentlich von meinem Leben?"

Wenn wir es versäumen, diese Frage zu stellen, können wir einfach unser Leben leben, indem wir uns kampflos in das ergeben, was auf uns zukommt, uns einmal hierhin, einmal dorthin treiben lassen, und darüber vergessen, dass wir jemals Pläne geschmiedet haben. Oder aber wir widmen unser Leben dem, was ich mittlerweile für eine Fehlwahrnehmung persönlicher Wünsche halte. Jenni ist ein gutes Beispiel dafür, wie man beinahe sein ganzes Leben einer Sache widmet, die man irrtümlich für den eigenen Wunsch hält.

Jenni träumte davon, Ärztin zu werden – oder zumindest glaubte sie das. Auf dem College verbrachte sie jede freie Minute damit, zu lernen, unentgeltlich in Krankenhäusern zu arbeiten oder Arbeitsgruppen zu organisieren – und machte sich so zur Musterbewerberin für die Medizinische Hochschule. Die ständige Angst vor dem Versagen kontrollierte sie vollkommen und ließ ihr keine Zeit und Kraft, sich zu fragen, „Ist es das, was ich wirklich aus meinem Leben machen möchte?" Erst nachdem sie an der Hochschule angenommen worden war, konnte sie innehalten und überlegen, was sie tatsächlich wollte. Sie hatte die Auswahltests bestanden, musste weniger pauken, weniger Stunden in Krankenhäusern arbeiten und nicht mehr ganz so viele Arbeitsgruppen leiten. Kurz, ihr Tyrann hatte sie nicht mehr ganz so fest im Griff. Und nun nahm Jenni sich die Zeit hinzuhören, was die Stimme ihrer gesunden Angst ihr zu sagen hatte.

Der Verbündete eilte zu ihrer Rettung herbei. Jenni beschrieb es mir in einer unserer Sitzungen.

„Es war wie eine starke, freundliche Stimme, die tief in meinem Innern sprach, ‚Jenni, ich fürchte du gibst deinen Traum auf. Den wirklichen Traum. Deinen Traum.'"

Jennis „wirklicher" Traum war, Songschreiberin und Studiomusikerin zu werden. Ihre musikalischen Talente standen den akademisch-intellektuellen in nichts nach, und trotzdem hatte sich ihr Traum im Laufe der Jahre in die hinteren Reihen zurückgezogen. Unterdessen blieb der Traum, von dem sie glaubte, ihre Eltern hegten ihn für sie, ebenso wie einer ihrer College-Professoren, vorn sitzen. Sie war inzwischen selbst zu der Überzeugung gelangt, nur als Medizinerin etwas für andere tun zu können, und hielt ihren Wunsch, Musikerin zu werden, für selbstsüchtig und unrealistisch.

Heute widmet sie sich in Nashville, Tennessee, ihrer Karriere als Musikerin.

Es entspricht unserer menschlichen Natur, dass wir den Themen aus allen drei Kategorien in unserem Leben mehrfach wieder begegnen, und einige werden uns bis ans Ende unserer Tage begleiten. Deshalb müssen wir begreifen, dass es unrealistisch ist anzunehmen, wir könnten uns ihrer entledigen. Solches Denken ist perfektionistisch und türmt langfristig nur ein weiteres Hindernis zwischen uns und dem Menschen, der wir sein wollen, auf.

Perfektionismus ist ein ernst zu nehmendes Problem, das letztlich immer in Ausweichmanövern gipfelt, bei denen wir die entgegengesetzte Richtung zu dem einschlagen, wohin wir eigentlich wollen. Perfektionistisches Denken verleitet uns zu dem irrigen Anspruch, wir müssten alle Hindernisse auf unserem Weg zerstören und dürften unsere persönlichen Wünsche nie aus den Augen verlieren; und es tischt uns noch eine andere Lüge auf: dass wir alle Angst zu überwinden haben.

Wenn bestimmte Themen wiederholt auftauchen, kann das bedeuten, wir haben keine Fortschritte gemacht und müssen eine Prüfung noch einmal machen. Die Probleme, die mit meinem Trinken zusammenhingen, mussten so lange wiederkommen, wie ich mir meinen Alkoholismus nicht eingestand. Von einer missbrauchsgeprägten Beziehung in die nächste zu rutschen, kann ein Appell sein, nicht länger den Kopf in den Sand zu stecken, wenn es darum geht, Verantwortung für sich selbst zu übernehmen.

Doch manchmal sind die wiederkehrenden Themen auch keine Prüfungswiederholungen. Vielleicht kehren sie wieder, weil es Zeit für uns ist, die nächste Lektion zu lernen. Schließlich wundert sich der Ingenieur auch nicht darüber, wenn in jeder Fortbildung wieder

Mathematik vorkommt. Der Jurastudent rechnet damit, immer noch mehr Gesetze lernen zu müssen. Der Tischlerlehrling hat sich dafür entschieden, alles über Tischlerei zu lernen.

Ich denke, wir sind wie der Ingenieur, der Jurastudent oder der Tischlerlehrling. Vielleicht kehren die Themen, die wir bereits als sich wiederholende erkannt haben, trotz unserer vorherigen Bemühungen und Fortschritte wieder, weil sie Bestandteil eines Lernens sind, für das wir uns in unserem Leben entschieden haben. Vielleicht auch nicht. Doch ungeachtet der Gründe, wie und warum sie da sind, sollten wir sie angehen, als wären sie der Lehrstoff, den wir uns gewählt haben.

Fraglos entziehen sich unsere individuellen wiederkehrenden Themen unserer freien Wahl. Wir können allerdings frei entscheiden, ob wir sie wahrnehmen und ob wir die Verantwortung annehmen, unsere Lektionen zu lernen. An der Schule gemeldet zu sein oder sogar in der Klasse zu sitzen, sichert noch nicht die Versetzung zu.

Wenn wir unseren Lebensthemen wieder begegnen, müssen wir uns an das erinnern, was wir bereits gelernt haben. Sind wir mit einer wiederkehrenden Angst konfrontiert, können wir auf das Vier-Schritte-Programm zurückgreifen und damit arbeiten. Bei Themen, die mit Hindernissen oder persönlichen Wünschen und Bedürfnissen zu tun haben, müssen wir zunächst herausfinden, wo sich unser Tyrann versteckt. Wir kommen ihm auf die Spur, indem wir Fragen stellen. Eventuell versuchen wir, die Leiter hinabzusteigen. Wenn wir die Angst gefunden haben, müssen wir sie als das wahrnehmen, was sie ist, auf sie zugehen und über sie hinaus. Während dieses Prozess verändern wir unsere Beziehung zur Angst und übernehmen die Kontrolle über unser Leben.

Jeder sollte sich eine Liste mit einigen der Themen anfertigen, die immer wiederkehren. Vielleicht gibt es ein Thema, das wir bereits aufgelöst haben, wie beispielsweise gestörte Beziehungsmuster oder, wie in Jennis Fall, eine Karriere, die in die falsche Richtung ging.

Manche Leser stoßen möglicherweise bei der Lektüre dieses Buches auf ein Lebensthema oder werden erneut aufmerksam auf eines, das sie schon Zeit ihres Lebens verfolgt.

Wir sollten immer daran denken, dass wir alle Werke in der Entstehung sind. Wir müssen die Tatsache akzeptieren, dass wir unvollkommene Menschen sind, die ihr ganzes Leben hindurch diesen Themen begegnen werden. Gerade deshalb ist es notwendig, unsere Schritte und Erwartungen entsprechend tolerant zu fassen. Nichts erschöpft und ermüdet uns schneller, als die persönliche Reifung wie ein Rennen anzugehen, bei dem wir möglichst schnell durchs Ziel kommen müssen, um noch Zeit für anderes zu haben.

Es ist noch nicht lange her, dass Walter in meiner Praxis war, um eine „Check-up-Sitzung", wie er es nannte, durchzuführen. Vor ungefähr zwei Jahren hatten wir die Therapie beendet, und seither habe ich drei oder vier E-Mails von ihm erhalten. Ich wusste, dass er ein Beratungsunternehmen für Menschen gegründet hatte, die mit ihrer beruflichen Laufbahn unzufrieden sind und nach kreativen Alternativen suchen wollen, um ihrem Leben einen neuen Sinn zu verleihen. Das ist natürlich kein Zufall. Bevor Walter die Therapie verließ, erzählte er mir, er wolle das, was er gelernt und erkannt hatte, nutzbringend für andere einsetzen, insbesondere für jene, die er als „die Ziellosen" bezeichnete.

„Die letzten Jahre ohne Therapie hatten durchaus therapeutischen Nutzen", sagte er mir.

„Was haben Sie denn mit all der Zeit, Energie und dem Geld gemacht, die Sie vordem in Ihre psychologische Runderneuerung gesteckt haben?" fragte ich ihn scherzhaft.

„Tja, die größte Herausforderung war zweifellos die, mich daran zu erinnern, dass ich nicht ständig irgendetwas machen muss. Aber selbstverständlich hält mich mein neues Unternehmen auch ziemlich in Trab."

„Wie ziemlich?"

Walter und ich hatten lange und ausgiebig an seinem Zwang gearbeitet, ständig irgendetwas zu tun. Selbst nachdem er die unzähligen Therapien, Seminare und Workshops zur persönlichen Reifung aufgegeben hatte, schienen dauernd neue Projekt von überall her aufzutauchen.

„Naja, teilweise wohl mehr als gesund für mich ist. Eigentlich meistens, um nicht zu sagen, fast immer. Das ist die weniger gute Nachricht. Aber die großartige Nachricht ist, dass ich das, was ich tue, unglaublich gern mache. Ich bin auf dem richtigen Weg. Wer hätte gedacht, dass ich meine Erfüllung darin finden kann, anderen zu helfen, ihre zu finden?"

„Sie haben Recht, das sind exzellente Neuigkeiten", sagte ich. „Möchten Sie darüber sprechen, dass die Möglichkeit besteht, Sie könnten trotz dieser für Sie befriedigenden Beschäftigung wieder in Ihr altes Muster zurückfallen?"

„Welches alte Muster?" fragte Walter.

„So beschäftigt zu sein, dass Sie weder Zeit noch Raum erübrigen zu erkennen, was mit Ihnen geschieht. Das alte Muster."

Walter machte eine Pause, dachte nach und nickte schließlich mit dem Kopf. „Ach, das alte Muster."

Ich habe ihn seit jener Sitzung nicht mehr wieder gesehen. Wollten wir überkritisch sein, könnten wir behaupten, Walter vermeidet die Auseinandersetzung mit seinem Zwang zur Überbeschäftigung, und dieses bekannte Hindernis wäre wieder aufgetaucht, doch er weigerte sich, darauf einzugehen. Andererseits könnten wir auch großzügig sein und argumentieren, er würde gerade dadurch, dass er nicht an seinem Zwang „arbeitet", beweisen, einen persönlichen Reifegrad erreicht zu haben, der ihm den Verzicht auf sein vorheriges hypertherapeutisches Verhalten erlaubt. Wollten wir allerdings akkurat sein, sollten wir in der Mitte von beidem Stellung beziehen, nämlich dass wahrscheinlich etwas von beidem zutrifft. Und wenn wir uns für Fairness entscheiden, könnten wir erkennen, dass es uns eigentlich überhaupt nichts angeht.

Es ist eine Sache, die Geschichte von Walter oder June oder Ihnen oder mir zu erzählen, um daraus etwas über uns zu lernen. Aber wir sollten vorsichtig sein, die Subjektivität all dieser Geschichten nicht aus den Augen zu verlieren. Was wir uns bewusst machen, worum wir uns kümmern und woran wir arbeiten wollen, bezieht sich auf eine persönliche Wahl, die wir treffen, und ist als solche Teil dessen, was unsere Individualität ausmacht. Wie ich auf eine bestimmte Situation in meinem Leben zugehe, mag sich mit dem Verhalten anderer decken oder auch nicht. Doch wie ich heute auf eine Situation zugehe, unterscheidet sich gewiss stark von meinem Verhalten von vor zehn Jahren. Und ebenso kann man davon ausgehen, dass ich in fünf Jahren wieder anders reagieren werde als heute. Gesunde Persönlichkeiten sind fließend, nicht stagnierend, und wenn wir das respektieren – sowohl in uns selbst als auch in anderen – erkennen wir, dass Psychotherapie und Selbsthilfematerialien uns am nützlichsten sind, wenn sie auf unsere individuelle Persönlichkeit und unsere Bedürfnisse zugeschnitten sind. Carl Jung sagte einmal, er hätte für jeden seiner Klienten eine neue Therapie entwickelt. Meine Klientin Jenni meinte, für sie wäre die Therapie unsere gemeinsame Arbeit an ihrem persönlichen Selbsthilfebuch gewesen.

Wir sollten also nie vergessen, dass, bei allem was wir gemein haben, wir letztlich Individuen sind, mit dem Anspruch und der Verantwortung, selbst zu entscheiden, wie und wann wir uns mit unseren wiederkehrenden Lebensthemen beschäftigen. Dieser Punkt ist wesentlich, wenn wir lernen wollen, echten Respekt vor einander und vor uns selbst zu entwickeln.

Respekt. Ist er es nicht, um den es überhaupt geht? Was kann ein größeres Kompliment sein, als „Er respektierte andere und wurde von anderen respektiert"? Sich den eigenen Respekt zu erwerben, ist jedoch für die meisten von uns eine wahre Herausforderung. Und Respekt vor anderen beginnt mit dem Respekt vor der eigenen Person. Ist das dann nicht das eine Lebensthema, das wir alle gemein haben?

Wir gewinnen Kraft, Mut und Vertrauen aus jedem Erlebnis, bei dem wir innehalten und der Angst ins Gesicht blicken ...
Wir alle müssen Dinge tun, von denen wir meinen, dass wir sie nicht tun können.

Eleanor Roosevelt

So einzigartig wie jeder andere: Was wir gemeinsam haben

Angst nimmt unterschiedliche Formen an: Furcht, Sorge, Panik, Nervosität, Unsicherheit, Aberglaube, Negativität. Und sie äußert sich auf verschiedenste Weise: Vermeidung, Vernachlässigung, Bestrafung, Kontrolle, Erregung, Perfektionismus. Und das sind nur einige ihrer unzähligen Verkleidungen.

Wäre Negativität eine olympische Disziplin, würde ich einer Familie von Goldmedaillengewinnern entstammen. Ich wuchs mit dem allgegenwärtigen Gefühl auf, es wäre gleich, wie erfolgreich ich im Augenblick war, mein nächster Schritt wäre auf jeden Fall der ins Verderben. In der Grundschule hatte ich in allen Fächern Einsen, und dennoch konnte ich in den Nächten vor Klassenarbeiten nicht schlafen, weil ich sicher war, dass ich versagen würde. Ich hatte keine Angst davor, ein Zwei oder eine Drei zu schreiben. Ich empfand es nicht einmal als Angst, sondern vielmehr als Gewissheit: Morgen würde ich den Boden unter den Füßen verlieren und vollkommen versagen.

Zur Vorbereitung dieses Buches habe ich einige meiner alten Tagebücher durchgeblättert, die ich während der vergangenen Jahre führte. Wie nicht anders zu erwarten, fand ich auf Anhieb ein paar Einträge zum Thema „Angst":

*Angst und Hoffnung scheinen Reisegefährten zu sein.
Jedenfalls reist in meinem Fall die Hoffnung nie allein.*

*Angst muss mit wenig Schlaf auskommen können. In letzter Zeit
spricht sie, während ich einschlafe, und redet noch, wenn ich
wieder aufwache.*

*Wir alle wünschen uns ein Leben wie eine Aluminiumverkleidung
– mit Garantie.*

*Ein Motto: „Benutze deine Ohren zum Hören, nicht deine
Ängste."*

*Wie viel entspannter wäre ich, wie viel mehr ich selbst, wie viel
produktiver und effizienter und effektiver, wie viel liebevoller und
großzügiger und hingabevoller ... lebte da nicht diese Angst in
meiner Brust?*

Ganz gleich welches unsere persönlichen wiederkehrenden Lebens-
themen sein mögen, wenn wir sie in einen Kessel stecken und aufs
Feuer stellen, wird der Bodensatz, der am Ende übrig bleibt, immer
Angst sein. Das ist es, was wir alle gemeinsam haben. Wir erleben
Angst auf unterschiedliche Weise, wobei mehr Variablen ins Spiel
kommen als wir zählen könnten, und wir reagieren auf unsere eigene
Art auf sie. Wir können uns nicht vor der Tatsache verschließen, dass
Angst eine universelle Erfahrung ist, die wir nicht nur mit unseren
Mitmenschen, sondern mit allen Kreaturen teilen. Manchmal denke
ich, der Hauptunterschied zwischen der Angst meines Hundes und
meiner besteht darin, dass er sich dann fürchtet, wenn eine tatsächli-
che Gefahr besteht, wohingegen ich die Fähigkeit habe – und die
Neigung – mich mittels meiner hoch entwickelten Intelligenz in Angst

und Schrecken zu versetzen, ohne dass irgendeine wirkliche Bedrohung da wäre.

In einem meiner Tagebucheinträge steht die Frage, „Wie anders könnte ich sein, wenn diese Angst nicht in meiner Brust lebte?" Das ist eine gute Frage. Wir alle müssen uns diese Frage stellen, um voranzukommen – vor allem in die Richtung, die wir wählen. Meine Freundin Jana Stanfield, Rednerin, Songschreiberin und Künstlerin, stellt in ihrem Lied „If I Were Brave" („Wenn ich mutig wäre") eine ähnliche Frage:

If I refuse to listen to the voice of fear, would the voice of courage whisper in my ear?

Wenn ich mich weigerte der Stimme meiner Angst zuzuhören, vernähme ich dann das Flüstern meines Mutes?

Und im Refrain des wunderbaren Liedes kommt eine Frage vor, die jeder von uns sich stellen sollte:

If I were brave I'd walk the razor's edge,

where fools and dreamers dare to tread and never lose faith even when losing my way. What step would I take today if I were brave? What would I do today if I were brave?

Wenn ich mutig wäre balancierte ich auf des Messers Schneide

wo nur Narren und Träumer zu gehen wagen und verlöre nie den Glauben selbst wenn ich mich verirrte. Welchen Schritt würde ich heute tun, wäre ich mutig? Was würde ich heute tun, wäre ich mutig?

Brave Faith (1999)

Dieser Text bietet uns die beste Anleitung, wie wir vorankommen können. Da wir unserer Angst weder davonlaufen, noch sie überlisten oder uns erfolgreich vor ihr verstecken können, sollten wir uns jeden Morgen beim Aufwachen fragen: „Was würde ich heute tun, wäre ich mutig?" Und dann versuchen wir, alles daran zu setzen, es zu tun. Dabei müssen wir an unser Motto denken: KEINE ANGST. Ich bin fest davon überzeugt, dass wir das Flüstern unseres Mutes hören können, sobald wir uns weigern, der Stimme unserer Angst zu gehorchen.

Leichter gesagt als getan? Ja, es ist viel leichter gesagt als getan. Und in dem Augenblick, da wir entscheiden, nicht mehr wegzulaufen, uns nicht mehr zu verstecken und nicht länger zu versuchen, unsere Angst auszutricksen, stehen wir erst ganz am Anfang, an der Startlinie. Eine grausame Erkenntnis, wenn man bedenkt, welche Strecke die meisten von uns allein bis dahin zurücklegen müssen.

Eine Entscheidung ist ein Anfang und eine Richtungswahl. Uns zu entscheiden, unser Leben mit Mut und Integrität zu leben, ist vergleichbar damit als würden wir sagen, ich höre auf zu trinken, ich plane, regelmäßig Sport zu treiben oder ich werde von Kalifornien nach North Carolina reisen. Die Entscheidung allein macht uns nicht nüchtern, die Mitgliedschaft im Fitnessclub bringt uns nicht in Form und eine Richtungswahl bedeutet noch keine Bewegung.

Die beste Definition von Weisheit ist ein stetig wachsendes Bewusstsein all dessen, was wir nicht wissen, und all dessen, was wir nicht kontrollieren. Während beide Listen bei mir beständig länger werden, fühle ich mich zusehends wohler damit, etwas nicht zu wissen und nicht zu kontrollieren. Es gab einen Punkt in meinem Leben, an dem es mir unmöglich gewesen wäre, mich mit diesem Bewusstsein auch nur halbwegs wohl zu fühlen. Ich hätte es als unerträgliche Bedrohung meines Egos empfunden, meinen Mangel an

Kontrolle über die Welt um mich herum zuzugeben oder einzugestehen, was ich alles nicht weiß. Aus meiner heutigen Warte betrachtet – hier und jetzt – bin ich, natürlich, ein Werk im Entstehungsprozess. Nichtsdestotrotz habe ich im Laufe der Zeit, während derer ich mir über alles klar wurde, was ich nicht wusste, eine kleine Liste angelegt. In dieser Liste führe ich alles auf, was ich in Bezug auf mich und andere, die an persönlicher Reifung arbeiten, zu „wissen" glaube.

Meine „Wissenliste" enthält Informationen, die sich als ausgesprochen hilfreich erwiesen haben, wenn es darum geht, sich den eigenen Ängsten zu stellen und sie zu besiegen. Es sind einfache Wahrheiten über uns, deren Erkenntnis uns einen Plan ermöglicht, wie wir Sackgassen vermeiden, auf unserem Weg bleiben und in unsere gewählte Richtung gehen. Es sind einfache Wahrheiten, die uns helfen, unseren Tyrannen als losgelöst von uns selbst zu sehen, so dass es unsere Entscheidung ist, ob und wann wir uns ihm stellen. Sie sagen uns, dass wir mit Widerstand rechnen müssen, aber sie ermutigen uns auch, alles zu tun, was nötig ist um unsere Ängste zu überwinden. Mittlerweile habe ich erkannt, dass die einfachsten Fragen oft ignoriert werden, weil wir sie „peinlich simpel" finden und als „offensichtlich" abtun. Viel zu oft verweigern wir ihnen die gebührende Aufmerksamkeit. Eine der menschlichen Eigenschaften scheint zu sein, dass wir das Einfache gern übergehen, um nach dem Komplexeren zu suchen. Wahrscheinlich entspricht das unserer Mentalität „Medizin kann nur gesund sein, wenn sie scheußlich schmeckt". Wir wenden das Gebet um Gelassenheit sozusagen rückwärts an: wir konzentrieren unsere Bemühungen auf Dinge, die wir nicht ändern können, und ignorieren dabei jene, die wir sehr wohl ändern können. Also: Medizin muss nicht abscheulich schmecken, und meistens ist das Einfache weit wirkungsvoller als das Komplexe. Genau das besagt auch eine meiner Wandkarten: „Suche Einfachheit. Einfachheit funktioniert."
Die erste der einfachen Wahrheiten ist: das menschliche Bewusstsein

ist von Natur aus vielschichtig, nicht eingleisig. Man bringt uns von klein auf an bei, wir sollten nur einen Gedanken zurzeit haben, eine Meinung und sogar nur ein Gefühl für etwas, was uns wichtig ist. Genau genommen ist diese Vorstellung vom eingleisig ausgerichteten Verstand zur unausgesprochen Definition von Klarheit, bisweilen sogar von Intelligenz, geworden. Und dieser lächerliche Irrtum verursachte und verursacht noch so unfassbares wie überflüssiges Leid unter den Menschen. Daher ist dringend geboten, dass wir diesen Paragraphen unseres Grundsatzkataloges umschreiben.

Zwingen wir uns, nur ein Gefühl zu einer bestimmten Sache oder Situation zu haben, stellen sich emotionelle Verzweiflung, Stress und Unbehagen praktisch von selbst ein. Und sobald diese Gefühle einmal entstanden sind, bleiben sie so lange in uns, bis wir ihnen Ausdruck verleihen. Wir verschwenden Unmengen Zeit damit, Gefühle zu ändern zu versuchen, die bereits in uns sind. Doch nicht genug damit. Zusätzlich zu dem überflüssigen Tumult, den der Mythos der Singularität in jedem Einzelnen auslöst, belastet er auch noch die zwischenmenschlichen Beziehungen. Wenn beispielsweise beide Partner in einer Paarbeziehung davon ausgehen, es gäbe nur eine Sichtweise für alles, sind Konflikte vorprogrammiert und kaum lösbar. Und in einem größeren Zusammenhang betrachtet können wir erkennen, dass die Geschichte voller Kriege ist, deren Auslöser ebendieser Mythos war, weil jede Seite meinte, ihre Ansicht wäre die einzig richtige. Es sprechen daher die persönlichsten wie auch die globalsten Gründe dafür, das zu ändern.

Sehen wir uns den Mythos der Singularität ein wenig genauer an. Denken wir an Phasen in unserem Leben, die uns vor große Entscheidungen stellten – Entscheidungen über Beziehungen, Jobs oder Familie. Fielen uns die Entscheidungen immer leicht? Wussten wir jedes Mal, was das Richtige war? Neigen wir in Entscheidungsmomenten dazu, eingleisig zu denken, oder vernehmen wir in diesen

Momenten die Stimmen unseres „inneren Komitees", die mindestens einen widersprüchlichen Gesichtspunkt anmelden, wenn nicht gar mehrere verschiedene Perspektiven beisteuern? Und haben wir uns jemals „verrückt", „blöd" oder sonst wie beschimpfenswert gefühlt, weil wir mit unserer vielschichtigen Natur konfrontiert wurden?

Ein Freund von mir unterrichtet Kommunikation am hiesigen College. Seine Kurse beginnt er jedes Semester mit der Frage: „Wie viele von Ihnen führen Selbstgespräche?" Seiner Erfahrung nach heben daraufhin zwischen 75 und 90 Prozent der Teilnehmer die Hände. Seine nächste Frage lautet dann: „Wie viele von denjenigen, die nicht die Hand gehoben haben, haben gedacht, ‚Führe ich Selbstgespräche? Ich glaube nicht, dass ich Selbstgespräche führe ...'" Und spätestens jetzt wird offensichtlich, dass wir alle mit uns selbst sprechen.

Sobald wir uns der Stimmen in unserem Innern bewusst werden, erkennen wir, dass es sich dabei nicht nur um eine „Single-Familie" (Erwachsener und ein Kind) handelt. Ich spreche seit Jahren mit Klienten und vor Publikum über den Verbündeten, den Tyrannen und den Rest des „Komitees in uns". Dabei habe ich nie mehr als ein oder zwei Minuten gebraucht um zu erklären, was ich meine. Wir alle haben diese inneren Komitees, und unsere vordringliche Aufgabe besteht zunächst einmal darin, sie nicht länger zu verleugnen. Wir sollten uns nicht für verrückt halten, weil wir Selbstgespräche führen. Vielmehr müssen wir jenen Konferenzraum betreten, in dem das Komitee tagt, und die Leitung der Sitzung übernehmen.

Wenn wir den Platz an der Spitze des Tisches einnehmen und somit berechtigten Anspruch auf die Leitung der Sitzung anmelden, wird uns anfangs mulmig, und wir fühlen uns denkbar schlecht vorbereitet. Selbstzweifel und Ohnmacht stellen sich praktisch automatisch ein, weshalb es vor allem wichtig ist, dass wir uns hoch anrechnen, überhaupt erschienen zu sein. Und wir müssen versuchen, uns Mut zuzusprechen: Wir haben alles, was wir brauchen, um die Verantwortung zu übernehmen – im Komitee und in unserem Leben.

Therapeutische Arbeit, die sich dem Konzept widmet, das verletzte Kind in uns zu finden, ist eine exzellente Methode, unser „vielschichtiges" Denken zu fördern. Mittlerweile gehört die Metapher des inneren Kindes zu den Standards und ist beinahe zu einem Klischee verkommen, was spätestens mit der parodistischen Figur „Stuart Smalley" des Komikers Al Franken klar wurde. Nun büßen Konzepte, die zu Klischees werden, zwangsläufig an Nutzwert ein, doch wir sollten uns hüten, das Kind mit dem Bade auszuschütten. Der Sinn dieser Metapher besteht in erster Linie darin, dass sie uns einen Kontext bietet, innerhalb dessen wir unser individuelles Ich als Produkt von Beziehungen verstehen lernen. Dieser Beziehungskontext wiederum macht es uns leichter, unsere multiple Natur zu begreifen und damit besser die Verantwortung für uns übernehmen zu können.

Normalerweise bin ich unter den Ersten, die sich über Psychogebrabbel oder allzu gekünsteltes Gerede in Therapien scheckig lachen. Erst kürzlich verärgerte ich eine Klientin, als ich ihr gegenüber erwähnte, dass ich eine der Aufgaben, die ich ihr und ihrem Mann gab, für kitschig hielt. Ich musste ihr erklären, dass „kitschig" nicht unbedingt sinnlos bedeuten muss. In persönlichen Reifungsprozessen müssen wir uns gelegentlich mit dem Kitschigen und Gekünstelten abgeben. Wir müssen es uns wie die Nebenwirkungen vorstellen, die wir in Kauf nehmen, wenn ein Medikament ansonsten hilfreich ist. Ebenso gilt auch in der Therapie, dass bei Nebenwirkungen, die schlimmer sind als der effektive Nutzen eines Medikaments (oder einer Technik), eine Methode verworfen und eine andere in Betracht gezogen werden sollte.

Ein einfaches Beispiel für den Nutzen, den die Arbeit mit dem inneren Kind haben kann, lieferte mein Klient Sam. Sam war 45 Jahre alt und kam zu mir, nachdem er jahrelang an Depressionen und ausgeprägtem Esszwang gelitten hatte. Ich bat Sam, ein Foto von sich als Kind zur nächsten Therapiesitzung mitzubringen. Bei unserem darauf folgenden Treffen hatte er ein Bild von sich dabei, das in einem wunderschönen antiken Rahmen war. Zum Zeitpunkt der Aufnahme musste er drei oder vier Jahre alt gewesen sein. Foto und Rahmen hatten seinem Vater gehört, der vor mehreren Jahren gestorben war.

„Obwohl ich normalerweise vermeide, über meine Kindheit nachzudenken, bedeuten mir dieses Bild und der Rahmen sehr viel, weil die Gegenstände meinem Vater gehörten", erzählte Sam.

Ich stellte den Bilderrahmen auf den Tisch neben mich, so dass Sam es ansehen musste, wenn er mit mir sprach. Im Verlauf der Sitzung stießen wir auf zahlreiche negative Gedanken, die er zu seiner eigenen Person hatte, und ich bat ihn um genauere Erklärung: „Sie sagen sich also wiederholt, Sie wären fett, nutzlos und faul, richtig?"

„Unter anderem", antwortete er.

„Dann könnten Sie in diesem Augenblick auch zu sich sagen: ‚Sam, du bist fett, nutzlos und faul!'"

Sam sah mich an als glaubte er, mit meinem Gehör wäre etwas nicht in Ordnung, ehe er antwortete: „Ja, das ist gar kein Problem."

Ich schlug ihm eine einfache therapeutische Übung vor: „Ich möchte, dass Sie sich das Bild ansehen und sich vorstellen, der kleine Junge säße hier mit uns im Zimmer, okay?"

„Okay."

Dann fuhr ich fort: „Nun möchte ich, dass Sie den kleinen Jungen – Sam – direkt ansehen und ihm sagen, ‚Sam, du bist fett, nutzlos und faul.' Okay?"

Er sah das Bild an, brachte jedoch kein Wort heraus. Auf einmal war er vollkommen regungslos, und man hätte meinen können, er atmete nicht mehr. Die Anweisung hatte ihn buchstäblich gelähmt.

Ich ließ trotzdem nicht locker. „Kommen Sie, sagen Sie dem kleinen Jungen, was Sie an ihm kritisieren."

Schweigen. Schließlich sagte Sam: „Ich glaube, das kann ich nicht."

„Was meinen Sie damit, Sie können es nicht? Sie haben mir gerade eben erzählt, Sie hätten kein Problem damit, sich selbst zu sagen, Sie seien fett, nutzlos und faul. Ich bitte Sie lediglich, diesen Satz zu dem kleinen Jungen zu sagen."

„Ich glaube nicht, dass ich ihm das sagen kann."

„Okay", sagte ich und wandelte die Aufgabe leicht ab, „dann stellen Sie sich nicht vor, dass der kleine Sam mit uns in einem Raum ist. Sagen Sie es einfach dem Foto. Sagen Sie, ,Sam, du bist fett, nutzlos und faul.'"

Sams Augen waren auf das Foto fixiert gewesen, doch nun sah er mich an. Ob die Übung nun kitschig, gekünstelt oder nicht war, Sam hatte jedenfalls Tränen in den Augen, als er sagte: „Thom, ich kann das nicht. Dieses Kind braucht nicht noch jemanden, der es niedermacht, indem er ihm solchen Mist erzählt." Sam und ich arbeiteten schon lange genug zusammen, und er wusste, dass ich den Advocatus Diaboli spielte, also machte ich weiter: „Mist? Wie meinen Sie das? Sie haben mir erzählt, dass Sie an diesen so genannten Mist glauben."

„Tu ich auch. Ich bin fett, nutzlos und faul. Bitte, jetzt habe ich es gesagt." Seine Stimme klang fest und selbstbewusst, als wäre er beinahe stolz darauf, diesen Punkt klargestellt zu haben. Dabei hatte er natürlich gar nichts klargestellt.

„Nun gut. Sie glauben also daran. Sie sind überzeugt, dass es die Wahrheit ist. Also sagen Sie es dem Jungen."

„Nein, ich kann es ihm nicht sagen", entgegnete er und schlug dabei einen sanfteren Tonfall an.

„Stimmt es denn für ihn?" fragte ich. „Ist der kleine Sam fett, nutzlos und faul?"

„Das weiß ich nicht. Ich habe es immer gedacht."

„Meinen Sie damit, der kleine Sam hat es immer gedacht? Ist Sam in dem Glauben aufgewachsen, er wäre fett, nutzlos und faul?" fragte ich nach.

„Ja, ganz bestimmt", antwortete Sam und sah wieder auf das Foto.

„Und was denken Sie? Ich meine, nicht über sich, sondern über ihn. Was halten Sie von dem kleinen Jungen? Ist er fett, nutzlos und faul?" Ich beharrte deshalb, weil ich sicher war, wir könnten an einen wichtigen Punkt gelangen.

„Nein, er ist doch nur ein Kind. Er ist gerade mal vier Jahre alt", sagte Sam und schüttelte den Kopf. Er klang verwirrt und ziemlich traurig.

Sam nahm aus dieser Sitzung etwas mit, was er bislang nie gehabt hatte: Er konnte echtes Mitleid mit sich selbst empfinden. Er hatte eine neue Erfahrung gemacht, indem er sich selbst in einem neuen Kontext wahrnahm, und dieser Kontext war die Beziehung zu sich selbst. Als er sich als Erwachsenen erkannte, der in einer Beziehung zu dem Kind stand, das er einmal war, und erkannte, dass seine Selbstkritik sich eigentlich gegen dieses Kind richtete, fühlte er etwas, was er zuvor nie gefühlt hatte. Er empfand Liebe und Mitleid mit einem Teil von sich.

In Sams Fall, wie auch in vielen anderen, ermöglicht die Metapher des inneren Kindes, dass wir lernen, Mitleid mit uns zu haben. Wir brauchen nicht abzuwarten, bis das Komitee per Mehrheitswahl entscheidet, wir seien gute Menschen und wert geachtet zu werden, statt fett, nutzlos und faul, oder wie immer unsere wohl eingeübte Selbstkritik lautet. Der Mythos der Singularität will uns suggerieren, wir wären in dem Moment gesund, in dem wir aufhören, negative Gedanken über unsere Person zu hegen. Eine realistischere

Herangehensweise ist wohl die, dass es uns schon deutlich besser geht, sobald wir aufhören, in den Chor der Beschimpfungen einzustimmen.

Sam hat erkannt, dass er nicht imstande war, seine verächtlichen Botschaften direkt an das Kind in ihm zu richten. In späteren Sitzungen war er in der Lage, nicht nur Mitgefühl mit dem Kind zu äußern, sondern es sogar zu loben und zu ermutigen. Selbstverständlich gibt es auch Menschen, die in dieser Übung ihr inneres Kind kritisieren und verächtlich behandeln, aber indem wir diese Selbstbeschimpfungen ans Licht zerren, mindert sich mit der Zeit die Toleranz gegenüber den Selbstvorwürfen. Je greifbarer das Bild des Erwachsenen, der in einer Beziehung zu dem Kind steht, wird, umso niedriger wird die Toleranz gegenüber verächtlicher Kritik und umso stärker wird der Wunsch, das Kind zu schützen und zu lieben.

Es ist unschwer zu erkennen, dass das innere Kind zu entdecken vor allem dem einen Zweck dient, ein inneres Elternteil zu entwickeln, das sich dieses Kindes annimmt. Viele von uns haben schon Jahre damit verbracht, sich wie ein Kind zu fühlen, das sich in die Welt der Erwachsenen verirrt hat. In dieser Welt können wir nur bestehen, wenn wir als voll funktionsfähige Erwachsene auftreten. Und das, so widersprüchlich es auch klingen mag, geht am ehesten, indem wir das hilflose Kind in uns erkennen. Das ist weit weniger kompliziert, als es auf den ersten Blick anmuten mag. Eigentlich ist es sogar ganz einfach: Solange wir uns als den Erwachsenen sehen, der die Verantwortung für das Kind übernimmt, sind wir nicht das Kind. In unserem vielschichtigen Bewusstsein können verschiedene Aspekte unserer Persönlichkeit nebeneinander existieren. Doch nur aus der Perspektive des Erwachsenen können wir tun, was nötig ist, um unser inneres Kind zu nähren und zu schützen.

Auch wer bislang den Gedanken an das innere Kind als blödsinniges

Psychogerede abgetan hat, wird sich hoffentlich bereit finden, es zumindest einmal zu versuchen. Der beste Weg ist der, ein oder zwei Fotos von sich als Kind herauszusuchen. Eines sollte man gerahmt bei sich zu Hause und am Arbeitsplatz aufstellen. Niemand braucht zu erfahren, in welcher Beziehung man zu dem abgebildeten Kind steht. Und nun übt man – entweder laut oder in Gedanken – freundliche, liebevolle Dinge zu sich selbst als Kind zu sagen. Falls wir das nächste Mal wieder besonders kritisch zu uns sind, sollten wir „Sams Herausforderung" ausprobieren und unsere inneren Schimpftiraden direkt an das Kind richten. Indem wir das tun, bieten wir uns selbst die Wahl, wie wir uns behandeln möchten. Viele Menschen sind sich vor dieser Übung gar nicht darüber im Klaren, dass sie diese Wahl überhaupt haben.

Wir alle haben die Fähigkeit und die Verantwortung dafür, unsere eigene Wahl zu treffen. Dies ist eine weitere einfache Wahrheit, die wir nicht vorschnell übergehen sollten. Nichts ist leichter, als darauf mit ‚Ich weiß, na klar, selbstverständlich' zu reagieren, ohne genauer nachzudenken, was sich hinter dieser Wahrheit verbirgt. Wir bestätigen, dass die Entscheidung bei uns liegt, und dennoch bleibt unser Denken und Handeln von dieser Erkenntnis unberührt. Überlegen wir einmal, wie oft wir Sätze sagen wie, ‚Ich hatte keine Wahl', oder ‚Mir blieb nichts anderes übrig', oder ‚Ich musste tun, was ich getan habe'.

Ein alkoholabhängiger Klient, der erst kurz zuvor mit der Suchttherapie begonnen hatte, sagte mir, „Ich weiß, dass ich nicht trinken kann, weil ich Alkoholiker bin." Auf den ersten Blick wirkt dieser Satz vernünftig und verantwortungsbewusst, doch ich würde dem widersprechen, oder zumindest dagegenhalten, dass diese Behauptung allein nicht ausreicht. Gewiss ist es ein guter Satz für einen Alkoholiker, aber in puncto Verantwortung übernehmen greift er zu kurz.

Ich erklärte meinem Klienten, dass ich ihm nicht zustimme, und warum das so wichtig ist. „Ich bin Alkoholiker", sagte ich ihm, „und ich kann trinken." Dann legte ich eine kurze Pause ein, weil ich wusste, dass ihn dieser Satz verwirrte. Manchmal ist Verwirrung eine hervorragende Methode, andere auf etwas aufmerksam zu machen. Dann fuhr ich fort: „Ich habe hinreichend bewiesen, dass ich trinken kann. Ich kann sogar mehr trinken, als mir zusteht. Was ich allerdings nicht kann, ist Alkohol zu trinken und zu erwarten, dass es gut ausgeht. Ich habe bewiesen, dass ich trinken kann, und ich habe ebenso bewiesen, dass die Resultate früher oder später (meist früher) extrem negativ sind. Also fasse ich die Behauptung genauer, indem ich sage, ‚Ich bin Alkoholiker und kann nicht trinken, ohne mir damit Probleme zu machen'. Und ich kann es sogar noch exakter machen, wenn ich sage, ‚Ich bin Alkoholiker, also will ich nicht trinken.'"

Man hat mir bereits vorgeworfen, dass ich in diesem Punkt zur Haarspalterei neige, aber diesen Vorwurf akzeptiere ich nicht. Für mich ist die Formulierung „ich will nicht" anstelle von „ich kann nicht" maßgeblich, was den Grad der Verantwortlichkeit betrifft. Wir haben eine Wahl. „Ich will nicht" drückt diese Wahl aus, wohingegen „ich kann nicht" besagt, dass wir entweder nicht entscheiden können oder unfähig sind, eine Entscheidung zu treffen. „Nicht wollen" von „nicht können" zu unterscheiden macht die Differenz aus zwischen einem Leben, das wir unbeteiligt und hilflos beobachten, und einem, in das wir uns hineinstürzen und das wir mitbestimmen.

Als Sam aufgefordert wurde, seine Selbstvorhaltungen laut gegen das Kind zur richten, sagte er, ‚ich kann nicht'. Zu dem fraglichen Zeitpunkt konnte er sich nicht dazu bringen, den kleinen Jungen zu verletzen, der in der Übung greifbare Präsenz erhalten hatte. Ich hätte ihn nur von der eigentlichen emotionellen Erfahrung abgelenkt, hätte ich ihm in diesem Augenblick den wesentlichen Unterschied zwischen „können" und „wollen" erklärt. Die Wahrheit ist jedoch, dass Sam durchaus fähig war, sein inneres Kind zu kritisieren. Was es ihm schwer machte, war sein eigenes Wertesystem. Sam ist ein Mensch, der sich keinem Kind gegenüber verächtlich äußern könnte. Er war nicht unfähig, sein inneres Kind anzugreifen, sondern nicht willens. Wie ich ihm später erklärte, ging es an diesem Tag eher darum, welchen Einfluss sein persönliches Wertesystem auf seine Entscheidungen hatte, als um seine Unfähigkeit, verletzend und negativ zu sein. Sam könnte sein Kind beschimpfen, denn immerhin tat er das bereits seit Jahren. Doch sobald er erkannte, gegen wen sich seine Selbstkritik richtete, und sie als das erlebte, was sie tatsächlich war, weigerte sich der Erwachsene Sam, sich an den Beschimpfungen zu beteiligen.

Weil ich Alkoholiker bin und zuhauf bewiesen habe, dass meine Fähigkeit und Neigung, Alkohol zu trinken, zu vernichtenden Resultaten führt, will ich heute nicht trinken. Ich weigere mich zu trinken. Und wir alle müssen uns fragen, ob es etwas gibt, das wir verweigern sollten.

Was ich gelernt habe, immer wieder lerne und anderen beizubringen versuche, ist, dass wir aufhören müssen, uns als Opfer unseres Lebens zu betrachten. Wir alle müssen erkennen, dass wir die Verantwortung haben für das Leben, das wir führen – auch wenn wir es nicht immer kontrollieren. Hier hilft eine klare Definition (eine weitere Wandkarte aus meiner Praxis): „Opfer glauben, wie es ihnen geht, hinge von dem ab, was ihnen geschieht; Nicht-Opfer glauben, wie es ihnen geht, hinge davon ab, wie sie auf das reagieren, was ihnen geschieht." Zwischen diesen beiden Perspektiven besteht ein gewaltiger Unterschied.

Wir bleiben für unser Leben verantwortlich, auch wenn wir nicht die

Kontrolle darüber haben. Denn verantwortlich sein bedeutet nichts Geringeres, als dass wir allein die Entscheidung treffen, was wir aus den Umständen (sozusagen: den Spielkarten, die das Leben austeilt) machen und was nicht. Ich könnte sagen, ich habe keine Wahl als meine monatlichen Rechnungen zu bezahlen, aber das stimmt nicht. Zwar kontrolliere ich weder die Bank, die meine Hypothek hält, noch den Stromversorger, die Wasserwerke und so fort, aber es ist mir überlassen, was ich mit den Rechnungen tue, die sie mir schicken.

Zu erkennen, dass wir in jedweder Situation eine Wahl haben, hat nichts damit zu tun, ob wir diese Situationen kontrollieren oder nicht. Denken wir an unsere Definition von Weisheit: die sich ständig verlängernde Liste dessen, was wir nicht kontrollieren und was wir nicht wissen. Und obwohl diese Liste beständig länger wird, behalten wir die Autorität über unser Leben, ob es uns gefällt oder nicht, ob wir es zugeben oder nicht, und sogar ob wir es erkennen oder nicht. In diesem Punkt haben wir tatsächlich keine Wahl.

Eine weitere einfache Wahrheit, die ich im Laufe der Jahre zu akzeptieren lernte, ist: *Widerstand gegen Veränderung ist natürlich*. In der Psychotherapie ist „Umgang mit Widerstand" ein prominentes Thema, insbesondere bei der Behandlung von Suchtkranken. Dennoch bin ich der Auffassung, dass wir mehr Schaden anrichten als Gutes bewirken, wenn wir Klienten als „verweigernd", „unmotiviert" oder „unkooperativ" einstufen. Was kann dabei herauskommen, wenn ich den Kampf gegen einen Klienten aufnehme, um ihn oder sie mit aller Kraft in einen Zustand geistiger Gesundheit hineinzureden? Die Antwort auf diese Frage scheint mehr als offensichtlich, und dennoch habe ich diese therapeutische Herangehensweise nicht nur häufiger bezeugt, sondern sogar gesehen, wie sie regelrecht als besonders effektiv gefeiert wurde. Meiner Meinung nach kommt sie einer Gehirnwäsche gleich. Wenn sie funktioniert – ein Klient also dazu gebracht wurde, „richtig" zu denken – entbehrt der Erfolg an

Tiefe und kann keine nachhaltige Veränderung schaffen, weil der Klient selbst keine Verantwortung übernommen hat, sondern sie lediglich an eine andere Person oder ein anderes System übertrug.

Widerstand geht grundsätzlich auf Angst zurück. Deshalb sollten wir weder von uns noch von anderen prompte Kooperation erwarten, da sie nur dazu führt, dass wir übereilt – und mithin ineffektiv – die vier Schritte unseres Programms durchlaufen. Letzten Endes hat übereilte Kooperation denselben Effekt wie klassische Verweigerung: Wir vermeiden es, auf die furchterregende mittlere Ebene der Unsicherheit vorzudringen.

Ich habe einmal mit einem jungen Mann, Jeff, gearbeitet, der innerhalb von sieben oder acht Jahren drei sehr angesehene Drogen- und Alkoholentzugsprogramme durchgemacht hatte. Jeff kam zu mir, weil er es nach wie vor nicht schaffte, länger als zwei Wochen am Stück ohne Alkohol auszukommen. Als ich mich mit ihm darüber unterhielt, was in den vorherigen Therapien hilfreich gewesen war und was nicht, fand ich heraus, dass keiner seiner Berater ihn ermutigt hatte, seine eigene Ansicht zur Alkoholismus-Diagnose zu ergründen. Einer hatte ihm sogar auf den Kopf zugesagt, sein Denken wäre „krank" und sollte deshalb ignoriert werden. Die Kurzberichte, die ich zu seinen bisherigen Therapien einsah, bestätigten meinen Verdacht. Er war als widerspenstig und „unkooperativ" beurteilt worden – in sämtlichen Programmen. Die Behandlungspläne hatten vorgesehen, Jeffs Widerstand „zu durchbrechen", aber ich konnte nicht einen einzigen Hinweis darauf entdecken, dass jemand ihm geholfen hatte, seinen inneren Kampf gegen den Alkohol zutage zu fördern. Wie so häufig, wurde Jeffs Widerstand von den Behandelnden als „der Feind" angesehen. Jeffs Denken musste zerstört werden, damit es ihm besser ginge.

Nun hatte ich bereits zu Beginn meiner Karriere das Glück,

Bekanntschaft mit dem Psychologen und Autor Richard Bandler zu machen. Er sagte: „So etwas wie widerspenstige Klienten gibt es nicht; es gibt nur unflexible Therapeuten." Diese Worte wiederhole ich bis heute bei jedem Vortrag, den ich vor Kollegen halte. Sie erinnern uns daran, welche Verantwortung uns Ärzten zukommt: Unser Job ist es, Menschen dabei zu helfen, sich zu verändern, und nicht zu erklären, warum sie es nicht tun.

Widerstand ist ein natürliches und logisches Phänomen unserer Vielschichtigkeit. In unserer äußeren Umgebung, etwa bei der Arbeit, bilden wir Komitees, in denen unterschiedliche Perspektiven und Meinungen repräsentiert sind. Und so lange ein allgemein akzeptiertes System vorhanden ist, nach dem Entscheidungen getroffen werden, ist die Vielseitigkeit solcher Komitees ein Gewinn. Dasselbe gilt für unser inneres Komitee. Auch hier können gegensätzliche Sichtweisen durchaus produktiv sein, ob wir es glauben oder nicht.

Widerstand sollte nicht als Bestandteil des Problems aufgefasst werden, sondern als wesentlicher Teil des Lösungsprozesses. Wenn wir die unterschiedlichen Meinungen und Gefühle zu einem Problem nicht anerkennen, verzetteln wir uns und bleiben immer wieder an derselben Stelle stecken. Deshalb müssen wir den einzelnen Komiteemitgliedern zuhören und uns selbst als die Person sehen, die die Entscheidung trifft, weil sie oben am Konferenztisch sitzt. Jeder bekommt die Gelegenheit, seine Ansicht darzulegen, aber nur einer entscheidet, was letztlich getan wird.

Mit anderen Worten: Wir sind die Entscheidenden und rechnen mit Widerstand – freuen uns sogar darüber. Eine meiner Wandkarten fasst es folgendermaßen zusammen: „Ich behalte mir das Recht vor, nicht mit mir übereinzustimmen." Von diesem Recht mache ich selbst weidlich Gebrauch und empfehle es auch allen anderen.

Hilfreich und eventuell sogar unterhaltsam ist es, sich ein Bild von dem eigenen inneren Komitee zu machen. Auf meinem Bild steht der Entscheider an der Spitze des Konferenztisches und sitzt nicht, während die verschiedenen Mitglieder des Komitees zu beiden Seiten des Tisches sitzen. Eine meiner Klientinnen sah ihre Komiteemitglieder im Kreis um ihren Entscheider gruppiert, während sie als Entscheider auf einem Stuhl mit Rollen saß. Jeder sollte sich eine eigene Vorstellung von seinem Komitee machen, mit der er oder sie sich am wohlsten fühlt. Hilfreich ist, so viele unterschiedliche Mitglieder wie möglich zu erkennen, doch man sollte nicht erwarten, alle auf Anhieb benennen zu können. Je mehr wir uns den vielschichtigen Ansichten zuwenden, umso mehr Mitglieder erkennen wir. Dabei ist es sinnvoll, ihnen Namen zu geben. Das mag zunächst albern klingen, hilft aber bei der Unterscheidung und veranschaulicht die Abkehr vom Mythos der Singularität.

Wenn wir unsere Beziehung zur Angst verändern wollen und uns dem Komitee stellen, müssen wir mit Widerstand rechnen. Seine Stimme wird uns erklären, dass das KEINE-ANGST-Motto dumm ist, es lächerlich wäre, die Leiter hinabzusteigen, und das Vier-Schritte-Programm im Leben nicht funktionieren kann. Wir müssen diese Stimme anhören und uns dabei klarmachen, dass es nur die Ansicht eines von mehreren Komiteemitgliedern ist. Am Ende bestimmt der Entscheider, ob wir uns unserer Angst stellen und ihre Kontrolle überwinden oder nicht. Und indem wir begreifen, dass Widerstand natürlich ist, erinnern wir uns daran, dass wir den Veränderungsprozess nicht allein durchmachen. Wir können einander die Hand reichen und uns gegenseitig darin bestärken, dass, ganz gleich wie steinig der Weg sein mag, sowohl die Reise als auch das Ziel die Blessuren lohnen, die wir dabei einstecken müssen.

Nachdem wir einmal erkannt haben, dass wir die Verantwortung tragen für die Wege, die wir wählen, und ebenfalls Einsicht in die Existenz und sogar den Wert des natürlichen Widerstandes gewonnen haben, gelangen wir zu einer weiteren einfachen Wahrheit, die uns allen gemein ist: *Der Wille und nicht die Willenskraft ist der Schlüssel zu nachhaltiger persönlicher Reifung.* Willenskraft ist ein eingeschränkter und rigider Begriff, wohingegen der Wille offen und flexibel ist. Willenskraft weckt sogleich Assoziationen an „Einer reitet allein" à la John Wayne, während dem Willen die Bereitschaft innewohnt, sich verfügbarer Quellen zu bedienen. Viele Menschen äußern zu Beginn einer Psychotherapie Schamgefühl, weil sie die Tatsache, dass sie sich Hilfe suchen, als ein Zeichen für Schwäche ansehen. Dabei ist das Gegenteil weit zutreffender. Es gehört weit mehr dazu sich einzugestehen, dass man Hilfe braucht, und in eine Therapie zu gehen, als den Kopf in den Sand zu stecken und vorzugeben, man hätte überhaupt keine Probleme. Und nicht zuletzt ist Wille die stärkere Ausgangsposition als der bloße Besitz enormer Willenskraft. Meine Wandkarte dazu lautet: „Stärke bemisst sich nach Willen, nicht nach Willenskraft."

Als ich vor vielen Jahren meine Arbeit als Psychotherapeut begann, war einer meiner ersten Klienten ein gut gekleideter Immobilienmakler namens Ben.

„Das wird einfach", dachte ich, als er mir erzählte, warum er gekommen war.

„Ich werde nicht lange um den heißen Brei herumreden", sagte Ben. „Ich habe ein Kokainproblem." Seine Frau hatte ihm vorgeworfen, dass er abends zu lange fortblieb und die Familie vernachlässigte. Sie bestand darauf, der er sich Hilfe holte. „Aber ich bin nicht ihretwegen hergekommen", erklärte er. „Ich bin meinetwegen hier. Ich brauche Hilfe, und ich bin bereit, alles zu tun, was nötig ist, um dieses Problem in den Griff zu bekommen."

Ben weihte mich in seine Geschichte fortgesetzten Alkohol- und

Drogenmissbrauchs ein, und mir war ziemlich schnell klar, dass er ein ernst zu nehmendes Drogenproblem hatte. Als ich ihn die magischen Worte „ich bin bereit" sagen hörte, schöpfte ich Hoffnung, die Arbeit mit ihm würde kein allzu schwieriger Fall werden.

„Ich bin froh, das zu hören", sagte ich ihm. „Und ich würde Ihnen empfehlen, dass Sie sich in Cumberland Heights anmelden. Meines Erachtens ist es ein hervorragendes Suchtzentrum, und es liegt gleich außerhalb der Stadt. Ich werde Ihnen die Telefonnummer geben, und dann können Sie …"

„Moment, Moment, Moment", unterbrach er mich. „Ich werde keine Entziehungskur machen."

„Hatten Sie nicht gesagt, Sie wären bereit, alles zu tun, was nötig ist?" fragte ich.

„Bin ich auch, mit gewissen Einschränkungen. Ich werde auf keinen Fall in ein Suchtzentrum gehen. Aber ich bin bereit, alles andere zu machen."

Schon wieder waren da die Worte „ich bin bereit", also bot ich ihm einen Alternativplan an. „Na gut, dann können wir einen ambulanten Entzug versuchen. Sie müssten dann mehrmals wöchentlich zu Einzelsitzungen erscheinen, und ich erwarte von Ihnen, dass Sie täglich zu den Treffen der Anonymen Alkoholiker und der Anonymen Kokainabhängigen gehen."

„Halt Stopp!" unterbrach er mich wieder. „Ich denke nicht, dass ich zu diesen Treffen gehen muss. Schließlich bin ich kein Alkoholiker …"

„Ben, es wäre wirklich das Beste für Sie, wenn Sie sich für das Programm in Cumberland Heights anmelden", fiel ich ihm nun ins Wort. „Und da Sie das nicht wollen, halte ich es für notwendig, dass Sie mindestens einmal täglich zu einem Treffen gehen, um sich Unterstützung zu holen."

„Tja, dafür fehlt mir die Zeit. Selbst wenn ich wollte, könnte ich es nicht schaffen. Immerhin habe ich eine Firma zu leiten."

„Okay", sagte ich. Ich war ein wenig entmutigt, kam aber leider nicht auf die Idee, ihn zu fragen, woher er denn bislang all die Zeit genommen hatte, die ihn der Drogenmissbrauch kostete. „Was genau wären Sie denn bereit zu tun?"

Ben wirkte nachgerade erleichtert. „Alles", sagte er im Brustton der Überzeugung. „Wie ich Ihnen ja schon sagte, ich will aus dieser Sache raus. Aber ich werde weder an einem Entzugsprogramm noch an irgendwelchen Gruppentreffen teilnehmen. Ansonsten mache ich alles, was Sie mir sagen. Ich richte mich ganz nach Ihnen."

„Also gut", sagte ich. „Dann werden wir regelmäßige Sitzungen vereinbaren, und ich möchte, dass Sie zu einer Suchtgruppe gehen, die sich einmal wöchentlich trifft ..."

„He, nun mal halblang", bremste er abermals ab. „Warum kann ich nicht einfach noch ein paar Mal hierherkommen? Ich mag Sie, und Sie scheinen genau zu wissen, was Sie tun. Deshalb bin ich sicher, dass ich es mit Ihrer Hilfe schaffen kann, von dem Zeug loszukommen."

Seither sind viele Jahre vergangen, während derer ich unzähligen Klienten gegenüber saß, die genauso „bereit" waren „alles zu tun" wie Ben. Tatsache war, dass Ben vor einer gewaltigen Mauer in seinem Leben angekommen war und nicht die geringste Neigung verspürte, irgendetwas zu ändern. Er wollte lediglich seine Frau beruhigen. Für den Rest war er – zumindest zu jenem Zeitpunkt – bereit, weiter mit dem Kopf gegen diese Mauer zu rennen und dabei vorzugeben, sie wäre nicht da. Bens Mangel an Bereitschaft schuf einen kilometerbreiten Graben zwischen ihm und dem ersten Schritt des Vier-Schritte-Programms.

Nach dieser ersten Sitzung habe ich nie wieder von ihm gehört, was nicht weiter verwunderlich war. Handelte es sich bei Ben um einen von diesen widerspenstigen Klienten, von denen Richard Bandler sagte, es gäbe sie gar nicht? Und ob. Doch was viel wichtiger ist: Ich war einer jener unflexiblen (und reichlich naiven) Therapeuten. Meine einzige Strategie war die, Bens Widerstand gegen die notwendige Hilfe einfach zu übergehen, und dabei war es gerade dieser Widerstand, bei dem er dringend Hilfe brauchte. Mein Ansatz bei Ben stellte sich als in etwa so sinnvoll heraus wie der eines Fahrschullehrers, der einem angehenden Fahrschüler sagt, er müsse allein zu ihm fahren, um die erste Stunde zu vereinbaren. Ich benahm mich wie ein Onkologe, der dem Patienten sagt, er würde mit der Chemotherapie beginnen, sobald der Tumor kleiner wird.

Ben hatte einen starken Willen, doch ihm fehlte die Willensbereitschaft, das Notwendige zu tun, um seine Suchtprobleme in den Griff zu bekommen. Und diese Willensbereitschaft ist wesentlich, um echte Veränderungen herbeizuführen. Anstatt diesen Mangel an Bereitschaft zu kritisieren, halte ich es jedoch für weit produktiver einzugestehen, dass ich versagte, indem ich nicht erkannte, welche Bereitschaft er allein dadurch signalisierte, dass er zu mir kam. Ich habe das Potenzial nicht gesehen, dass sich daraus für eine gemeinsame Arbeit ergeben könnte. Ganz gleich wie vernünftig mein Rat zu einem Entzugsprogramm gewesen sein mochte, es ihm in der ersten Sitzung nachgerade aufdrängen zu wollen bedeutete, dass ich ihm meinen Willen aufzuzwingen versuchte. An jenem Tag hatten wir demnach beide ein Problem mit unserer Bereitschaft.

In der letzten Woche, 15 Jahre nach meiner verunglückten Sitzung mit Ben, kam eine junge Frau namens Lori zu mir, deren Ehemann den Verdacht geäußert hatte, sie würde an Bulimie leiden. Wie Ben, sagte auch sie mir, sie wäre um ihretwillen bei mir, gab allerdings zu, dass ihr Mann maßgeblich dazu beigetragen hätte, dass sie überhaupt einen Termin mit mir vereinbart hatte. Während wir damit begannen, uns kennen zu lernen, hörte ich ihr die meiste Zeit zu, anstatt direkt Empfehlungen auszusprechen, wie ich es bei Ben getan hatte. Ich wollte vor allem wissen, was Lori wollte; und ich fragte mich, wo ihre Angst ins Spiel käme.

Ben war sich der Mauer seines Widerstandes kaum bewusst gewesen, als ich ihn mit aller Gewalt darauf zu schubste. Und er reagierte, indem er sich umdrehte und davonrannte. Lori hat es immerhin bis in meine Praxis geschafft, und ich bin wild entschlossen, solange mit ihr zusammenzusitzen, bis sie entschieden hat, was sie will.

Ich werde ihr weiterhin aufmerksam zuhören, weil ich neugierig bin zu erfahren, wie einige der einfachen Wahrheiten sich auf Loris Leben anwenden lassen – oder nicht. Ich gehe davon aus, dass sie und ich die dezidierte Stimme des Widerstandes vernehmen werden, ihr Komitee benennen und daran arbeiten können, der Entscheiderin die Macht zu geben. Aber ich werde sie nicht hetzen und nicht blind vor Enthusiasmus rufen, „Schnell, kommen Sie. Das werden Sie Klasse finden." Es ist nicht mein Weg, den wir finden wollen, sondern Loris.

Wir alle müssen für uns selbst entscheiden, was wir zu tun bereit sind und wann. Und so wird auch Lori selbst bestimmen, wann sie auf ihre Mauer zugehen will.

Gott duldet nicht, dass Feiglinge seine Schöpfung offenbaren.
Ralph Waldo Emerson

8

Vor der Mauer angekommen: Wann es Zeit ist, sich der Angst zu stellen

Solange ich denken kann, wollte ich Schriftsteller werden. Bis ich am College ankam, an dem ich Englisch im Hauptfach studierte, eigentlich aber im Dauerrausch war, hatten meine Pläne sich zu dem vollkommen unrealistischen Glauben verzerrt, ich wäre so talentiert (unentdeckt und unterschätzt), dass an meinem Erfolg als Lyriker praktisch kein Zweifel mehr bestand. (Ich kannte die Bedeutung des Wortes „Oxymoron" nicht, als ich glaubte, der dichterische Erfolg wäre mir vorbestimmt.) Nichtsdestotrotz bemühte ich mich so gut wie nie darum, irgendetwas zu veröffentlichen. Wenn überhaupt reichte ich kurze Gedichte bei der College-Zeitung ein, oder ich schickte gesammelte Lyrikversuche an größere Verlage, wobei der inhaltliche Schwerpunkt um Mädchen kreiste, die nicht mit mir ausgehen wollten. Ich hatte überhaupt keine Ahnung, welche Arbeit ich investieren müsste, um auch nur den Hauch einer Chance auf Veröffentlichung zu haben. Vielmehr war ich fest überzeugt, Ruhm und Erfolg würden zu mir finden.

Als ich schließlich erkannte, dass sie nicht einmal nach mir suchten, beschloss ich, mein Hauptfach zu wechseln und fortan Psychologie statt Englisch zu studieren. Diese Entscheidung fußte größtenteils auf zwei verschiedenen Überlegungen. Zum einen hatte ich im ersten College-Jahr den Einführungskurs in Psychologie mit einer Eins bestanden, und zum anderen fanden die Veranstaltung in Psychologie – im Gegensatz zu denen in Englisch – nicht um acht Uhr morgens statt. Weiter dachte ich nicht. Im Nachhinein ist mir allerdings klar, dass ich damals vor allem ein Hauptfach hatte: Wie vermeide ich es mit allen Mitteln, mich den Herausforderungen des Lebens zu stellen. Und ganz gleich, was mein Abschlusszeugnis ausweisen mag, in diesem Fach habe ich mit Bravour bestanden.

Aus meiner Praxis als Psychotherapeut kenne ich viele ähnliche Geschichten – manche mehr, manche weniger extrem als meine – und ich habe ihnen einen Namen gegeben: Leben als Vermeidungsstrategie. Wenn wir dieses Leben wählen, werden wir zu Schlafwandlern, die versehentlich (selbstverständlich) den Weg des geringsten Widerstandes einschlagen. Stoßen wir dabei zufällig auf unsere Angst, drehen wir uns um und gehen in die andere Richtung oder weichen zur einen oder anderen Seite aus. Menschen treffen nach dieser Strategie ihre Berufswahl, ihre Partnerwahl und richten ihre Wertesysteme an ihr aus. Manche erwachen nie aus ihrem Schlafwandel. Sie leben schlafend und sterben schlafend. Andere von uns werden durch die eine oder andere Störung aus ihrem Schlaf gerissen, und wenn wir das Glück haben, nicht gleich wieder einzuschlafen, finden wir uns dann in einem erwachsenen Körper wieder, irgendwo in einem erwachsenen Leben und versuchen herauszufinden, wie wir hierher gekommen sind, und, vor allem, was wir damit anfangen sollen.

Wer bislang durch sein Leben geschlafwandelt ist und nun gern aufwachen möchte, muss zunächst einmal bereit sein, sein neues Leben zu leben – das heißt, das Leben, das immer jetzt beginnt. Und das wiederum bedingt, dass wir eine Entscheidung treffen. Wir können unser Fach nicht danach wählen, welche Veranstaltungszeiten uns am besten passen, und wir können es uns nicht leisten, an einen

Erfolg zu glauben, der sich schon irgendwann ganz von selbst einstellen wird. Dieselbe Entschlossenheit, mit der ich dieses Buch geschrieben habe, hat den Leser oder die Leserin – also: Sie – veranlasst, es zu kaufen. Wir beide stellen uns der Herausforderung, unser Leben nach unseren Entscheidungen zu leben, anstatt uns auf Vermeidungsstrategien zu beschränken. Das kann manchmal sehr aufregend, manchmal aber auch sehr beängstigend sein, und wir alle geraten immer wieder an einen Punkt, an dem wir uns wünschen, wir könnten in unseren Schlafwandel zurückfinden. Bisweilen tun wir es sogar.

Ich habe einen Freund, der vor keiner Entscheidung zurückzuschrecken scheint, sei sie auch noch so groß, wichtig und umwälzend. Er behauptet nicht, angstfrei zu sein, sondern sagt, seine Ängste hätten „keinen besonderen Einfluss" auf seine Entscheidungen. Das kann ich von mir nicht behaupten, und die meisten Menschen, die ich kennen gelernt habe, ebenso wenig. Glücklicherweise entsprechen Menschen, die „häufig" von ihrer Angst „beeinflusst" werden, der Norm. Wir stehen damit nicht allein auf weiter Flur. Und dieses Wissen allein tut schon gut.

Bei einem Workshop über die Wechselwirkung zwischen Selbstmitleid und persönlicher Verantwortung habe ich kürzlich die Teilnehmer gebeten, über die beängstigenden Aspekte eines Lebens zu sprechen, das wir bewusst nach unseren Entscheidungen ausrichten. Denn selbst wenn wir uns darauf verständigt haben, dass ein solches Leben die bessere Wahl ist, bleibt der innere Widerstand. Einer der Teilnehmer brachte ein wunderbares Beispiel dafür an: „Ich bin ein wahrer Meister der Selbstsabotage. Bei mir kann man zuverlässig davon ausgehen, dass ich innerhalb von 24 Stunden nach einer wichtigen Entscheidung auf Talfahrt gehe. Als Erstes kommen die klassischen Selbstzweifel. ‚Was denke ich denn, wer ich bin? Wie komme ich darauf, dass ich dies oder jenes tun kann?' Und schon schlägt meine Energie Leck. Aller Enthusiasmus, mit dem ich meine Entscheidung getroffen habe, ist plötzlich dahin, und ich frage mich schließlich, was mich überhaupt dazu gebracht hat, dies oder jenes zu entscheiden."

Ein anderer Teilnehmer fügte hinzu: „Ich weiß, was du mit dem Leckschlagen der Energie meinst. Ich erreiche das übrigens auf andere Weise, indem ich nämlich sehr früh solche Freunde und Verwandte in meine Pläne einweihe, von denen ich sicher sein kann, dass sie sie mir ausreden werden. Mein Widerstand holt sich sozusagen Unterstützung von außen."

Der Motor der Selbstsabotage ist Angst, doch es ist beruhigend zu wissen, dass wir diesen Motor nicht abwürgen müssen, um unseren Widerstand zu überwinden. Wir brauchen uns nur auf unser Vier-Schritte-Programm zu besinnen: wir machen uns unsere Angst klar und akzeptieren sie als Teil der Erfahrung. Die *Akzeptanz* der Angst als gegebener Tatsache ist ein wesentlicher Schritt, die Benzinzufuhr zu drosseln. Denken wir an eine der einfachen Wahrheiten: Widerstand ist ein natürlicher Teil des Prozesses. Unsere Aufgabe besteht darin, aufmerksam zu sein und von unserem Widerstand zu lernen. Und glücklicherweise ist unser Ziel nicht, ohne Angst zu leben, sondern ein Leben zu führen, das nicht von Angst diktiert wird. Seien wir daher positiv und realistisch.

Häufig missverstehen mich Klienten, denen ich rate, ihre Angst zu „akzeptieren". Sie meinen, ich erzähle ihnen, dass sie mit ihrer Angst „einverstanden sein" sollten. Das stimmt nicht. Etwas zu erkennen und dessen Existenz zu akzeptieren, hat nichts damit zu tun, sich eine Meinung welcher Art auch immer darüber zu bilden. Beispielsweise akzeptiere ich, auf beiden Augen nur 20 Prozent Sehkraft zu haben, und demonstriere meine Akzeptanz dessen tagtäglich, indem ich morgens meine Brille aufsetze. Ebenso akzeptiere ich die Tatsache, dass ich weiß, wie man anderen zuhört und hilfreich auf sie eingeht. Diese Akzeptanz demonstriere ich, wenn ich in meine Praxis gehe und Klienten empfange. Es handelt sich aber um zwei vollkommen verschiedene Wahrheiten, die ich gleichermaßen akzeptiere.

Die Angst, die unseren Widerstand antreibt, ist weder gut noch schlecht. Sie ist einfach da. Angst zu erfahren, ist Bestandteil des Lebens als atmende Kreatur. Wenn wir Zeit und Energie investieren, um unsere Angst loszuwerden, sind diese Zeit und Energie verschwendet. Die Herausforderung, ein Leben nach eigenen Entscheidungen zu leben, besteht darin, uns mit unserer Angst vertraut zu machen. Vielleicht denken wir, wir kennen unsere Angst bereits, doch es gibt einen gewaltigen Unterschied zwischen dem Kennen und dem Sich-von-ihr-Beherrschenlassen. Dass sie unser Leben kontrolliert, muss noch lange nicht bedeuten, dass wir sie kennen. Und sie kennen lernen bedeutet, ihre Gegenwart aushalten zu lernen. Das wiederum erfordert Übung. Wir üben, die Gegenwart unserer Angst auszuhalten, indem wir nichts weiter tun als uns bewusst und wach zu sein.

In dem oben genannten Workshop haben wir die Nachmittagssitzung mit einer Visualisierungsübung begonnen, die „Die Mauer" heißt. Diese Übung findet unter Anleitung statt und soll eine greifbare Erfahrung dessen vermitteln, was es heißt, sich der Gegenwart von Widerstand und Angst zu stellen. Ich möchte die Übung in dieses Buch aufnehmen und einige Anregungen zufügen, wie man die Bilder auf die eigene Person abstimmt. Außerdem werde ich später noch einige Reaktionen der Workshopteilnehmer beschreiben.

Die Mauer

Stellen Sie sich vor, Sie stehen vor einer großen Ziegelsteinmauer – nur Sie und die Mauer. Wie nahe stehen Sie davor?

Und was empfinden Sie, wenn Sie die Mauer ansehen?

Wie breit ist die Mauer, und wie hoch? Können Sie die Enden sehen oder wo sie anfängt? Können Sie die obere Kante erreichen?

Wie alt ist die Mauer – oder wie neu? Wer hat sie gebaut und warum? Wie lange stehen Sie schon hier? Sind Sie allein? Wie lange werden Sie noch bleiben?

Es ist Ihre Mauer, das wissen Sie. Berühren Sie sie. Ertasten Sie ihre Oberflächenstruktur. Fühlen Sie, was immer in diesem Moment an Empfindungen in Ihnen sind.

Was ist auf der anderen Seite der Mauer? Können Sie es erraten, oder wissen Sie es? Waren Sie schon einmal dort? Möchten Sie dorthin?

Wie wäre es, wenn Sie nicht allein wären? Was, wenn dort mehr ist als nur Sie und die Mauer? Wie wäre es, wenn wir bei Ihnen wären?

Was ist, wenn Sie die Stärke der Mauer überschätzen? Was, wenn Sie Ihr Potenzial unterschätzen? Sie haben sich früher auch schon geirrt, oder?

Ihre Mauer ist aus Steinen errichtet – aus lauter einzelnen Steinen. Die Mauer ist groß, aber die Steine sind klein. Den Mörtel haben Sie gemischt. Wie fest ist er?

Was passiert, wenn Sie die Mauer einreißen? Was, wenn Sie die Mauer zerstören und es hinterher bereuen? Was, wenn Sie sie später vermissen, oder nicht mit dem umgehen können, was Sie dahinter vorfinden? Was, wenn es zu spät ist, um umzukehren?

Legen Sie nun die Hände gegen die Mauer. Berühren Sie sie mit den flachen Händen. Was geschieht? Drücken Sie dagegen. Was geschieht jetzt? Pressen Sie mit beiden Händen gegen die Steine. Was passiert jetzt?

Können Sie hindurchgehen? Trauen Sie sich? Können Sie sich davon abhalten? Können Sie sich vorstellen, zu stolpern und auf die andere Seite von ... zu fallen? Was bleibt von Ihrer Mauer übrig?
Wie ist es auf dieser Seite der Mauer? Der Himmel, der Boden, die Luft um Sie herum – wie fühlt es sich an? Was sehen und was hören Sie? Was empfinden Sie?
Und was sehen Sie weiter vorn?

Die Visualisierung selbst ist ziemlich einfach. Meine Frau bezeichnet sie als subjektiven Minifilm. Zusammengefasst geht es darum, vor eine Mauer zu treten, sich ihrer bewusst zu werden, sie zu berühren, sie zu durchdringen und auf die andere Seite zu gehen – oder zu fallen. Was könnte simpler sein als das? Na und?

Wie ich im Laufe meiner Jahre als Psychotherapeut feststellen konnte, hat jeder von uns solch eine Mauer – mindestens eine – wobei die Mauer als Metapher für das steht, was uns quält. Und, wie ich darüber hinaus feststellen konnte, ist diese Mauer kein Hindernis, das sich zwischen uns und das Leben, das wir führen möchten, stellt, auch wenn wir zu dieser Annahme neigen. Genau diese Annahme jedoch verleitet uns dazu, unsere Entscheidungen immer wieder aufzuschieben. Ich werde mit diesem oder jenem anfangen, sobald das oder jenes passiert, sobald ich dieses oder jenes Hindernis überwunden habe oder sobald ich das eine oder andere Ziel erreicht habe. So zu denken ist gefährlich, da es dazu führen kann, dass wir Jahre, gar Jahrzehnte, abwarten, ehe wir irgendetwas in Angriff nehmen. Deshalb sollten wir die Aufgabe, uns unseren Mauern zu stellen, als die Essenz unseres Lebens und nicht als Ablenkung von ihm sehen.

Die Anleitung für die Mauer-Übung besteht aus einer ganzen Serie von Fragen. Anhand dieser Fragen gestalten wir unseren „Minifilm" und machen ihn zu einer subjektiven Erfahrung. Wichtig dabei ist vor allem, was auf einer meiner Wandkarten steht: „Such nicht nach den richtigen Antworten, sondern mach dir lieber eine Liste mit ein paar sehr guten Fragen."

Gute Fragen können einiges bewirken. Mit ihnen können wir Informationen magnetisch anziehen. Ich horche immer darauf, welche Fragen meine Klienten stellen, ohne es zu wissen. Und wenn wir in der Therapie auf ein oder zwei gute Fragen stoßen, bitte ich meine Klienten, sie aufzuschreiben und mit sich herumzutragen oder sie ans Armaturenbrett ihres Wagens zu kleben. „Lassen Sie die Fragen für sich arbeiten", empfehle ich ihnen. „Jede gute Frage sollte Gelegenheit bekommen, so viele Antworten wie möglich anzuziehen." Zu viele Antworten gibt es nicht, denn jede Antwort liefert uns eine wertvolle Information, die wir nutzen können.

Ich rate allen Menschen, dasselbe zu tun. So kann man sich beispielsweise in seinem Tagebuch eine Rubrik einrichten, unter der man seine guten Fragen einträgt, oder ein separates Notizbuch führen, das ausschließlich Guten Fragen vorbehalten ist.

Auch die rhetorischen Fragen, die wir uns selbst so gern stellen, sollten wir nicht übergehen, da sie verschleierte Selbstvorwürfe sind, die sich in nützliche Hinweise umwandeln lassen. Fragen wie, „Was stimmt mit mir nicht?", „Warum kriege ich das nie hin?" oder „Wieso gebe ich nicht einfach auf?" können zu wertvollen Werkzeugen werden, wenn wir sie zu Magneten machen, mit denen wir nützliche Informationen anziehen können. Wenn ich mich in der Vergangenheit fragte, „Was stimmt mit mir nicht?", war die Antwort bereits in der Frage inbegriffen: Alles stimmt mit mir nicht, weil ich ein hoffnungsloser Fall bin. Wenn sich heute Klienten von mir mit ihren rhetorischen Fragen niedermachen, drücke ich auf den „Pause"-Knopf und schlage vor, dass wir die richtige Frage für uns arbeiten lassen. Das sollten wir mit allen Fragen tun, die auf unserer Liste stehen. Hören wir genau hin, was sich hinter den implizierten Beleidigungen verbirgt, und erlauben wir den Fragen, ihre Arbeit zu machen.

Wenn ich vor einem Vortrag frustriert oder ängstlich bin, fragt mein innerer Kritiker mich, „Was stimmt mit dir nicht?" Ich kann ihm diese Frage entreißen und sie als richtige Frage stellen, sprich: als eine, die aus echter Neugier gestellt wird, um Informationen zu gewinnen, die ich noch nicht habe. Also frage ich: „Was stimmt mit mir nicht?" und ziehe mit diesem Magneten folgende Antworten an:

Ich habe zu wenig und schlecht geschlafen.
Ich hinke hinter meinem Anspruch auf Perfektion hinterher und denke, dass alles, was ich sage, für jeden Zuhörer profund und perfekt klingen muss.
Ich habe vergessen, dass es mir besser geht und ich sicherer bin, wenn ich mir genug Zeit einräume, um meinen Vortrag noch einmal durchzugehen.
Ich bin überkritisch mit mir selbst und neige dazu, alles zu meiden, was mir Angst macht.
Ganz einfach: Ich fürchte, dass das, was ich zu sagen habe, nicht gut genug sein wird.

Die Frage wird immer weiter Antworten anziehen, und diese Antworten werden von einer Stunde zur anderen, von einem Tag zum anderen, von einer Woche zur anderen variieren. Doch schon anhand der obigen kleinen Auswahl lässt sich erkennen, dass ich einige spezifische Informationen gewonnen habe, die ich zur Lösung des Problems nutzen kann. Gewöhnlich stellt sich ein Automatismus ein: Je länger wir eine Frage mit uns herumtragen, umso tiefer dringen die Antworten zu dem Problem vor. In meinem Beispiel rangieren sie vom Verweis auf zu wenig Schlaf bis zum expliziten Ausdruck von Angst. Wir steigen also wieder einmal die vertraute Leiter hinab, und gelangen mit jeder Sprosse näher an den Kern. Und je tiefer wir kommen, desto nachhaltiger werden die Veränderungen sein, die wir bewirken können.

Aus den Fragen, die in der Mauerübung gestellt werden, spricht pure Neugier, und genau diese Neugier sollte sich jeder von uns zu Eigen machen. Ich rate bei dieser Übung, dass man sich einen ruhigen Ort sucht, an dem man sich entweder hinsetzt oder hinlegt und einen Freund oder eine Freundin bittet, die Fragen laut vorzulesen. Es ist sinnvoll, die Fragenliste ein- oder zweimal ganz gehört zu haben, bevor man die Augen schließt und sich jede einzelne langsam vorlesen lässt. Dabei sollte man entspannt sein und sich auf das einlassen, was im Kopf geschieht. Wer sie sich nicht von jemand anderem vorlesen lassen möchte, kann sie auch auf ein Tonband sprechen und sich anschließend vorspielen.

So wie es viele Antworten auf eine gute Frage gibt, ist auch die Erfahrung bei dieser Visualisierung jedes Mal eine andere. Wer sich in seinem Leben gerade festgefahren fühlt, wird wahrscheinlich wenige Unterschiede in der Erfahrung feststellen, doch selbst diese Unterschiede verdienen unsere Aufmerksamkeit. Veränderungen kommen nun einmal meist in kleinen Schritten. Niemand kann ein Kind wachsen sehen, aber wir alle erkennen, dass es wächst. Und wer daran zweifelt, den möchte ich an Bill Murray in dem Film *Was ist mit Bob?* erinnern, der an einer Stelle sagt: „Babyschritte. Babyschritte bis zum Fahrstuhl." Babyschritte bis zur Wand. Babyschritte durch die Wand hindurch.

Bei dieser Visualisierung bitte ich die Teilnehmer, mir zunächst ihre Reaktion auf den Anfang zu beschreiben, weil dies die Stelle ist, an der wir uns der Gegenwart unserer Angst und unseres Widerstandes bewusst werden. An diesem Punkt bitte ich die Teilnehmer, nochmals die Augen zu schließen, und lese die ersten Zeilen noch einmal vor: „Stellen Sie sich vor, Sie stehen vor einer großen Steinmauer. Nur Sie und die Mauer. Wie nahe stehen Sie an der Mauer? Und wie fühlen Sie sich, wenn Sie die Mauer ansehen?" Ich möchte ein paar der Antworten aus dem letzten Workshop zitieren. Ein Teilnehmer sagte: „Ich spürte meine Angst am ganzen Leib, als ich vor der Mauer stand. Die Angst riet mir davonzulaufen, mich wegzuducken oder zu verstecken, alles, nur nicht stehen zu bleiben. Ich konnte die Augen nicht von der Mauer vor mir abwenden. Und es kostete mich eine ungeheure Kraft, einfach dazustehen und nichts zu tun."

Ein anderer Teilnehmer beschrieb das Erlebnis folgendermaßen: „Ich habe nicht nur dagestanden. Ich denke, ich bin weggelaufen, denn meine Gedanken schweiften ab. Ein paar Mal habe ich versucht, mich daran zu erinnern, dass ich vor der Mauer stehen bleiben sollte, aber im Geiste bin ich einfach gegangen. Ich war mir keiner Angst bewusst."

Wir sprachen eine Weile darüber und kamen zu dem Schluss, die nicht-empfundene Angst wäre wahrscheinlich ein Indiz dafür, dass die psychologische Abwehr (in diesem Fall: abschweifende Gedanken) sehr wirkungsvoll funktionierte.

Dann erzählte eine weitere Teilnehmerin: „Ich war weniger ängstlich als sauer. Ja, ich war regelrecht wütend. Ich vermute, ich fühlte mich von der Mauer beleidigt. Und in meinem Kopf kreisten lauter Forderungen, die ich an mich stelle. Ich sollte keine Mauer haben und wenn doch, sollte ich in der Lage sein, sie beiseite zu schieben oder einfach durch sie hindurchzugehen. Wenn ich es genau bedenke, war ich vor allem wütend auf mich – als wäre ich maßlos enttäuscht von mir."

Wie so oft, fanden wir schnell heraus, dass es zu den wiederkehrenden Lebensthemen dieser Teilnehmerin gehörte, „maßlos enttäuscht" von sich zu sein.

Ein anderer Teilnehmer fühlte sich durch die Visualisierung von Anfang an gestärkt: „Für mich war das Erlebnis sehr greifbar. Ich habe meine Schultern angespannt und die Füße fest aufgestellt, also eine Haltung eingenommen, die für mich Kraft bedeutet. Dann habe ich mich genauso hingestellt, wie Sie gesagt haben, und die Angst gespürt. Ja, ich hatte das Gefühl, ich würde sie förmlich einladen, auf mich zu wirken, wobei ich sie weniger in mir fühlte. Es war eher, als würde sie über mich hinweg und um mich herum fließen. Und ich stand einfach da. Ich war erstaunlich ruhig. Ich dachte die ganze Zeit, ‚Ich bin okay. Was immer das sein mag, es kann mir nichts anhaben, wenn ich es nicht zulasse.‘ Diese Erfahrung war für mich insofern beachtlich, als ich es normalerweise nicht einmal schaffe, mehrere Sekunden am Stück ruhig stehen zu bleiben."

Zu Beginn der Visualisierung ist es besonders wichtig, ruhig zu bleiben und nur das Bewusstsein arbeiten zu lassen. Aufmerksamkeit ist eine so wichtige wie gern unterschätzte Voraussetzung für Veränderung. Genau genommen ist es die bewusste, zielgerichtete Wahrnehmung, die uns durch unser Vier-Schritte-Programm führt. Viel zu oft neigen wir dazu, vorschnell zu handeln und uns damit allzu früh von dem ablenken zu lassen, was um uns herum ist. Wenn wir erstmals aufwachen, die Augen öffnen und die Wand vor uns erblicken, ist unsere Aufmerksamkeit das wertvollste Instrument, das uns zur Verfügung steht, um uns erfolgreich durchs Leben zu führen. Wir müssen der Versuchung widerstehen, sofort handeln zu wollen – kein Rückzug, kein Angriff. Wir dürfen nicht weglaufen, uns nicht ducken uns nicht verstecken und die Augen nicht wieder schließen. Wir unternehmen nichts gegen die Mauer, sondern stehen da und lassen uns von unserer Aufmerksamkeit lehren, was wir wissen müssen.

Carly, die Teilnehmerin, die „maßlos enttäuscht" von sich war, meldete sich kurze Zeit später zu einer meiner wöchentlichen Therapiegruppen an. In den wenigen Wochen, die wir seither gemeinsam gearbeitet haben, hat sie die Mauer-Metapher hervorragend nutzen können. Mittels der Hilfe dieser Metapher konnte sie sich nicht nur ihren Ängsten stellen, sondern beginnt bereits, die Mauer zu durchdringen und sich zielstrebig in eine Vorwärtsrichtung zu bewegen.

Natürlich war Carlys „Enttäuschungsthema" nicht über Nacht verschwunden, und es gelang ihm immer wieder, sie der Kräfte zu berauben, die sie zwischenzeitlich aufbaut, um sich der Mauer zu stellen. „Kaum fühle ich mich besser und bin buchstäblich begeistert davon, endlich die Verantwortung für mein Leben zu übernehmen, da habe ich plötzlich das Gefühl, dass der Boden unter meinen Füßen nachgibt", erzählte sie. „Und dann bin ich wieder genau da, wo ich angefangen habe: außerstande, die einfachsten Entscheidungen zu treffen. In solchen Momenten könnte ich nicht einmal sagen, welches Dressing ich auf meinem Salat haben will."

Mittlerweile hat Carly gelernt, auf das Vorhersagbare vorbereitet zu sein. Mit Unterstützung der Gruppe, die sie ermutigte und ihr sagte, sie wäre keine maßlose Enttäuschung, kann sie sich gegen die negativen Botschaften wappnen, die ihr zuvor den Boden unter den Füßen wegrissen. Visualisierend hat sie gelernt, diese Botschaften zu benennen und sie als Mitglieder ihres inneren Komitees zu identifizieren, die um sie herumstehen, während sie sich der Mauer stellt. Eine wesentliche Erfahrung dabei war, dass sie sich selbst als separat von diesen negativen Botschaften erkannte. Und sie hat sich einige der Gruppenmitglieder sowie ein paar ihrer besten Freunde hinzugeholt, die ihr in der Visualisierung beistehen.

Carly beschrieb es so: „Ich stehe ungefähr eine Armlänge von der Mauer entfernt. Um mich herum sind eine Menge Leute. Diejenigen, die mich unterstützen, stehen zusammen mit denen, die mir negative Botschaften vermitteln. Ich nehme die beiden sehr unterschiedlichen Energien wahr, die von ihnen ausgehen, aber auf einmal und an einem Ort."

„Fühlen Sie sich von einer stärker beeinflusst als von der anderen?" fragte ich sie.

„Es klingt vielleicht bizarr, aber die beiden scheinen irgendwie ausgewogen. Ich bin mir beider bewusst, und habe das Gefühl, jede von ihnen könnte vortreten und eine dominante Position übernehmen."

Für sich genommen ist das schon ein gewaltiger Fortschritt, denn Carly fühlte sich ursprünglich sehr allein vor der Mauer.

„Können Sie die Menschen, die Sie unterstützen, bitten, vorzutreten und die Verbindung zu Ihnen zu verstärken?" fragte ich.

Carly antwortete prompt: „Schon geschehen. In dem Moment, da Sie fragten, seid Ihr (gemeint waren der Rest der Gruppe und die beiden Freunde, die sie mitgebracht hatte) auf mich zugekommen. Ihr habt einen Halbkreis um mich geformt, und ich fühle, wie unsere Kräfte sich vor der Mauer vereinen." Sie machte eine Pause und lächelte. „Das fühlt sich gut an. Diesmal bin ich wirklich nicht allein."

Da Carly großen Gewinn aus dieser Visualisierungsübung zog, werden wir sie in den kommenden Wochen wohl in der Gruppe wiederholen. Wir werden ihre Ausmaße, ihre Geschichte, ihren Ursprung und ihre Oberflächenstruktur erkunden. Vielleicht machen wir uns auf herauszufinden, welche Vorstellungen Carly mit ihrer Mauer verbindet und was ihrer Meinung nach dahinter liegt. Und wir werden uns – wie in den meisten Fällen – damit beschäftigen, warum sie zögert, sie zu durchbrechen. „Was, wenn Sie die Mauer zerstören und es hinterher bereuen?" lautet eine der Fragen in der Visualisierung. Wahrscheinlich werden wir dabei sein, wenn Carly schließlich die Mauer durchbricht und auf die andere Seite fällt. Was wird das für Carly bedeuten? Welche Wirkung wird es auf die anderen Gruppenmitglieder haben? Das werden wir sehen.

„Die Mauer" löst die unterschiedlichsten Reaktionen in uns aus. Am häufigsten aber höre ich von Klienten, dass sie sich überwältigt gefühlt hätten. Diese Reaktion ist nur natürlich, denn die Entscheidung, sich der Mauer zu stellen, geht zwangsläufig mit einer anderen einher: alles zu unternehmen, was es braucht, um sie zu überwinden. Diese Entscheidung wiederum lässt sich unmöglich treffen, wenn wir nicht ein gewisses Maß an Vertrauen mitbringen – oder Illusion. (Denjenigen, die den Unterschied zwischen beidem genau wissen wollen, empfehle ich, den Don Quichote zu lesen.) Verständlicherweise stellen wir uns alle die Frage, „Wie kann ich mich für etwas entscheiden, wenn ich gar nicht einzuschätzen vermag, was mich erwartet?" oder „Werde ich dem gewachsen sein?" Wir wollen wissen, was möglich ist, bevor wir uns zu etwas verpflichten. Wir leben in einer Welt, die voller Unwägbarkeiten ist, und trotzdem erwarten wir Sicherheiten, ehe wir voranschreiten. Meine Wandkarte dazu trägt den Satz: „Ich glaube, Unsicherheit liegt in der Natur der Dinge ... aber ich bin mir nicht sicher."

Wenn wir uns unserer Mauer stellen, rate ich, dass wir uns unserer Ängste bewusst werden und unser Bedürfnis nach Sicherheit für den Moment vergessen. Wenn wir uns fragen, „Wie kann ich sicher sein, dass ich das schaffe?", wird die Antwort sogleich sein, „Du kannst nicht im voraus wissen, wie es ausgehen wird, aber du weißt mit Sicherheit, dass du die Kraft und die Autorität hast, etwas zu bewegen."

Wir können nicht im Voraus wissen, welches Ergebnis unsere Bemühungen haben werden. Deshalb ist es hilfreich, wenn wir uns an andere Dinge erinnern, die uns einst überwältigend und unmöglich erschienen und die wir doch lernten. Denken wir beispielsweise daran, wie wir Autofahren lernten oder ein Instrument zu spielen. Oder denken wir an ein Baby, das seine ersten Schritte wagt. - Wie oft haben wir das Getriebe zum Kreischen gebracht, den falschen Ton getroffen, und wie viele Male fällt ein Baby hin, bevor es an seinem Ziel ankommt?

Das Baby ist in diesem Fall das beste Rollenmodell. Wie oft fällt es hin, ehe es sicher gehen kann? Die Antwort lautet: So oft es nötig ist. Wann haben wir das letzte Mal einen Mann gesehen, der auf Händen und Knien krabbelte, weil er als Baby so frustriert von seinen Versuchen war, dass er das Laufenlernen aufgab?

Ich wünsche mir von meinen Lesern, dass sie der Mauer mehrere Besuche abstatten, bevor sie weiterlesen. Ich habe nämlich noch nie jemanden getroffen, der zweimal dieselbe Erfahrung dabei gemacht hat. Irgendetwas ist jedes Mal anders, auch wenn einige dieser Erlebnisse so aussehen können, dass wir mit dem Kopf vorweg gegen die Steine stoßen. Aber wir können auch drastische Veränderungen erleben. Ein Workshopteilnehmer von mir beschrieb, wie überrascht er bei seinem dritten Mauerbesuch war, als er plötzlich einen Vorschlaghammer in seiner Hand spürte. Eine Teilnehmerin erzählte, dass sie einfach durch die Steine hindurchgeschritten war, ohne irgendetwas zu beschädigen. Der Schlüssel ist, dass jeder das erlebt, was er erlebt. Wir müssen uns von den Erwartungen lösen, die wir möglicherweise an uns selbst stellen oder von denen wir glauben, andere stellten sie an uns.

Es ist unsere Mauer.

Nichts ist so beängstigend wie die Angst.
Henry David Thoreau

9

Die Offensive:
Sich über die Angst beugen

Unsere Mauer besteht aus Steinen – einzelnen Steinen. Sie ist groß, aber die Steine sind klein. Den Mörtel haben wir selbst gemischt. Wie fest ist er? Dies ist mein Lieblingsteil der Visualisierung. Für mich besagt er nämlich nichts anderes, als dass die Steine nicht das Problem sind, sondern der Mörtel. Und der Mörtel besteht aus – wie sollte es anders sein – Angst.

Meine Klientin Jenni wollte unbedingt wissen, wofür die Steine in dieser Visualisierung stehen. „Angst ist der Mörtel, das verstehe ich. Aber was sind die Steine?"

Wir waren wieder einmal an einem klassischen Punkt des Therapieprozesses angelangt, an dem es darum geht, sich die Antworten gemeinsam zu erarbeiten. Nach einigen Gesprächen zu diesem Thema konnte Jenni schließlich ihre Frage selbst beantworten – wovon ich profitierte und die Leser hoffentlich auch profitieren werden. „Die Steine sind das Leben selbst", erklärte Jenni. „Jeder Stein steht für einen anderen Aspekt des Lebens, und einige Steine repräsentieren bestimmte Ereignisse."

„Wären Sie damit einverstanden, wenn ich das aufschreibe?" fragte ich sie. Sie leistete einen wesentlichen Beitrag zum Verständnis, und dieser Beitrag wiederum war der Gewinn, den sie aus der Mauer-Metapher zog.

„Die Steine stehen für Dinge wie Beruf, Ehe, Schule, finanzielle Situation, Gesundheit und andere Dinge wie die Beziehung zu den Eltern, Kindern, Freunden und Kollegen. Wenn man genauer hinsieht, erkennt man die besonderen Ereignisse im Leben – eine große Liebe, ein besonderes Ereignis zu Hause oder bei der Arbeit, eine Schulprüfung, eine Familienfeier, eine Krankheit oder ein gesellschaftliches Ereignis. Und zugleich können die Steine auch für größere Dinge stehen, wie etwa die Sorge um die Menschenrechte, Bildungsfragen und globaler Terrorismus. Verstehen Sie? Die Steine sind die Elemente, aus denen das Leben besteht. Deshalb sind sie auch in unterschiedlichen Größen da – klein, mittel und groß. Um eine Ihrer Lieblingsmetaphern zu verwenden: Sie sind nur die Karten – oder in diesem Fall die Steine – die wir ausgeteilt bekommen." Jenni zeigte auf eine meiner Wandkarten. „Übernimm die Verantwortung für dein Leben, aber versuche nicht, es zu kontrollieren."

„Das heißt, ich kann zwar die Beschaffenheit der Steine nicht ändern, sehr wohl aber bestimmen, was ich mit ihnen tun möchte", sagte ich. „Ich kann etwas Nützliches daraus bauen oder nicht. Es ist meine Wahl."

„Richtig", bestätigte Jenni.

„Und wenn wir Angst als Mörtel benutzen, entsteht eine große feste Mauer, die wir selbst errichtet haben", fügte ich hinzu.

Jenni fasste es zusammen: „Mit Angst machen wir unser Leben zu einer Mauer."

Darüber sollten wir alle nachdenken. Wenn wir den Mörtel ein wenig weicher machen, stellen die Ziegelsteine kein größeres Hindernis dar als die Karten eines Kartenhauses. Schwächen wir den Mörtel – zerstören wir die Angst – und dann stoßen wir die Mauer um. Was geschieht? Kehren wir zur Visualisierung zurück um herauszufinden, wie es sich anfühlt. Stellen wir uns vor, wir hätten den Mörtel mit einer Substanz versetzt, die ihn porös und brüchig macht.

Und jetzt stemmen wir die Hände gegen die Mauer. Sehen wir uns an, was passiert. Und achten wir darauf, was wir empfinden. Dazu sollten wir uns fragen, „Was will ich aus meinen Steinen bauen?" Diesmal sollten wir allerdings keinen Mörtel nehmen, um die Steine zusammenzufügen, sondern die vier Schritte – sich der Angst stellen, sie erkennen, sie akzeptieren und auf sie reagieren. Diese vier Schritte sind es, mit denen wir unsere Beziehung zu unserer Angst verändern und somit den Unterschied festlegen können zwischen einem Leben, das wir nach unseren Vorstellungen leben, und einer großen Steinmauer.

Doch wir sollten nichts überstürzen. Die erste Frage sollte die sein, womit wir unseren Mörtel weicher machen wollen. Wie schwächen wir unsere Ängste? Und die Antwort lautet: Indem wir uns direkt auf sie zu bewegen. Die schlimmsten Ängste sind die, die wir nicht genau kennen. Denn Ängste sind wie Vampire, die im Tageslicht nicht überleben können. Darauf bezieht sich eine andere meiner Wandkarten: „Geh immer auf deine Dämonen zu, denn sie beziehen ihre Stärke allein aus deiner Flucht."

Von Zeit zu Zeit spiele ich es mit Klienten und Workshopteilnehmern durch. Ich setze mich einer Person gegenüber und bitte sie, sich auf dem Stuhl weit vorzulehnen. „Beugen Sie sich über mich", fordere ich sie auf, „als wären Sie für mich verantwortlich. Zeigen Sie, welche Autorität Sie über mich haben." Ich lehne mich daraufhin möglichst weit zurück, fliehe, trete meine Autorität ab und gebe so meinem Übungspartner die Macht über mich. Kürzlich machte ich diese Übung in einem Workshop. Meine Partnerin war eine Frau namens Dorothy. Ich bat sie, mir zu beschreiben, was sie empfand, während ich mich so weit es ging zurückzog.

„Mir ist nicht recht wohl dabei, weil es mich irgendwie befremdet. Aber vor allem fühle ich mich sehr stark", erzählte Dorothy.

Ich fragte sie: „Wer von uns beiden hat in diesem Moment die Gewalt über die Situation?"

„Ich", antwortete sie prompt.

Dann bat ich sie, in die Rolle meines negativen und angstgesteuerten Komitee-Mitgliedes zu schlüpfen, wobei sie ihre vorgebeugte Sitzhaltung beibehalten sollte. Bei solchen Übungen achte ich darauf, die negativen Botschaften eher allgemein zu formulieren, damit sich möglichst viele Teilnehmer damit identifizieren können. Und ich fordere die übrigen Teilnehmer auf, sie jeweils für sich konkreter zu fassen und ihren eigenen Selbstvorwürfen anzupassen.

Dorothy händigte ich eine meiner Indexkarten aus, die sie laut vorlesen sollte. „Thom, du bist jämmerlich. Du hast keine Chance auf Erfolg, egal was du sagst oder tust. Das Einzige, was dir gelingen wird, ist, dich lächerlich zu machen. Du bist ein klassischer Verlierer. Das bist du immer gewesen, und daran wird sich auch in Zukunft nichts ändern. Gib's auf. Und halte dich im Hintergrund, wenn du einigermaßen unbeschadet durchs Leben kommen willst. Wenn du Glück hast, bemerken dich die Leute nicht."

Nachdem Dorothy den Text zweimal gelesen hatte, blieb ich einen Moment schweigend sitzen und ließ den anderen Teilnehmern Zeit, die beklemmende Atmosphäre zu empfinden, die sich ob dieser negativen Behauptungen fast greifbar im Raum ausbreitete.

Dann fragte ich Dorothy noch einmal, „Wer von uns beiden hat in diesem Moment die Gewalt über die Situation?"

„Ich", kam ihre Antwort sofort, und sie sprach mit einer Autorität, vor der sie selbst zu erschrecken schien. Bei dieser Übung wird die Macht praktisch greifbar, die mit Dorothys Position einhergeht.

„Sie haben die Macht, richtig. Wissen Sie, warum? Was verleiht Ihnen diese Macht?"

„Ich denke, es liegt an meiner Körperhaltung und an den negativen Dingen, die ich Ihnen sage. Ich habe die Gewalt über die Situation, weil ich aufrecht sitze, mich über Sie beuge und Sie kritisiere", erklärte sie mit spürbar zunehmender Selbstsicherheit.

Dann setzte ich mich abrupt auf, hockte mich auf die Kante der Sitzfläche, stützte die Unterarme auf die Knie und faltete die Hände. Nun war ich Dorothy plötzlich so nah, dass unsere Nasen kaum 20 Zentimeter voneinander entfernt waren. „Falsch", sagte ich. „Was Ihnen die Gewalt über die Situation gab, war mein Zurückziehen und nicht Ihr Vorbeugen. Und jetzt", erklärte ich absichtlich streng, „haben Sie sie nicht mehr, oder?"

Dorothy brauchte einen Augenblick, bevor sie mit deutlich schwächerer Stimme antwortete: „Nein."

Diese Übung ist immer wieder spannend, weil nicht nur die Person auf Dorothys Platz eine wichtige Erfahrung macht, sondern die übrigen Teilnehmer ebenso. Und die Reaktionen darauf sind jedes Mal ähnlich. „Ich bin so erschrocken", erzählte ein junger Mann, „als wäre ich an Dorothys Stelle gewesen."

Jemand anders sagte: „Die Veränderung war dramatisch. Es schien als wären Sie, Thom, praktisch aus dem Nichts aufgetaucht, als hätte Dorothy Sie zuvor gar nicht gesehen."

Dorothy berichtete: „Ich reagierte vor allem körperlich. Ich hatte ein Gefühl von Enge in der Brust, und mir kam es vor, als würde ich mich automatisch zurücklehnen, obwohl ich nicht weiß, ob ich es wirklich tat."

Ein anderer Teilnehmer sagte zu Dorothy: „Sie haben sich nicht zurückgelehnt, sondern sind zusammengezuckt. Und danach hatten Sie keine Gewalt mehr über die Situation."

Was ich mit dieser Übung zu demonstrieren hoffe, ist, dass die inneren Selbstzweifel, die Drohungen und die negativen Prophezeiungen noch so stark sein können, wir brauchen sie nicht zu verändern. Ich habe Unmengen Zeit in meinem Leben mit dem Versuch verschwendet, meine angstbesetzten Gedanken und Vorstellungen loszuwerden

– und andere dabei beobachtet, wie sie es versuchten. In diesem Punkt dürfte ich manchen Rekord gebrochen haben, aber wichtig ist vor allem eines: wir müssen überhaupt nichts loswerden. Egal wie belastend, beängstigend oder enervierend die Botschaften sein mögen, die wir aus unserem Inneren vernehmen, wir brauchen nichts weiter zu tun, als zu begreifen, dass sie separat von uns sind und wir ihnen unsere Zustimmung verweigern können. Und selbst wenn wir das Gefühl haben, wir schaffen es nicht, ihnen zu widersprechen, können wir uns immer noch weigern, ihnen zu gehorchen. Wenn meine negativen inneren Botschaften mich auffordern, nicht zu handeln, indem sie mir sagen, mein Versagen wäre vorprogrammiert oder ich würde mich garantiert lächerlich machen, ist mein bester Rat an mich der, trotz aller Angst und aller Sorge weiterzumachen, statt mich von meinem inneren Terrorismus ausbremsen oder gar lähmen zu lassen. „Danke für den Hinweis", sage ich dann, „und nun setz dich wieder."

Ich behaupte nicht, dass das einfach wäre. Wie bei allem, was wir lernen müssen, brauchen wir auch hierbei eine Technik und jede Menge Übung. Niemand darf erwarten, seine innere Angstdynamik zu überwinden, so lange er oder sie nicht willens ist, zu üben, zu üben und zu üben. Schließlich geht auch niemand von uns davon aus, nach der ersten Musikstunde Klavier spielen zu können.

Nachdem ich die Übung mit Dorothy vorgemacht hatte, bat ich die anderen Teilnehmer, sich jeweils einen Partner zu suchen und im Rollentausch das Experiment nachzumachen. Wie wir bei diesem Rollenspiel immer wieder feststellen, ist das Machtgefüge unabhängig von Größe, gesellschaftlicher Stellung oder Geschlecht – es sei denn, einer der Beteiligten bringt entsprechend vorbelastete Erfahrung mit. So kann beispielsweise ein Mann, der einen sehr dominanten Vater hatte, Probleme damit haben, sich über einen männlichen Partner zu beugen. Die Machtgewichtung wird durch unsere Reaktion auf die

Botschaften entschieden. Wie in unseren äußeren Beziehungen gilt auch hier, dass es besser ist, wenn wir für uns selbst eintreten anstatt uns gegen jemand anderen zu stellen.

Sobald wir jedoch meinen, unsere Aufgabe wäre die, unseren Tyrannen zu besiegen und zu zerstören, begehen wir den Fehler, dass wir uns gegen einen anderen stellen. Gehen wir allerdings auf die Angst zu und begreifen, dass wir nicht sie verändern müssen sondern lediglich unsere Beziehung zu ihr, treten wir für uns selbst ein. Wer Spaß an gruseligen Filmen hat, dem empfehle ich, sich den Film *House* mit William Katt, George Wendt und Richard Moll auszuleihen. Der Protagonist, gespielt von William Katt, beginnt mit dem Fehler, sich vor seinen Dämonen (der Angst) zurückzuziehen, versucht dann vergeblich, sie zu zerstören, und entdeckt schließlich, dass der Konflikt nur zu lösen ist, wenn er den Mut aufbringt, nicht mehr an ihre Macht über ihn zu glauben. Er lernt, für sich selbst einzustehen, indem er sich weigert, sich zu verstecken, wegzulaufen oder daran zu glauben, dass seine Angst die Macht hat, ihn zu zerstören.

Und genau hierin besteht unsere Aufgabe: wir müssen mehr an uns glauben als an die neurotischen Tyrannen, die unser Denken heimsuchen. Dabei ist die Stärke der Angst und Negativität, mit der wir es aufzunehmen haben, gewaltig. Wir dürfen nicht unterschätzen, womit wir uns hier anlegen. Ich glaube an die Kraft des positiven Denkens und kreativer Visualisierung, aber ich habe auch schon gesehen, welch verheerende Nebenwirkungen auftreten, wenn sie allzu vereinfacht angewandt werden.

Die 42-jährige Monica befand sich seit ihrem 17. Lebensjahr in Therapie. Damals hatten ihre Eltern sie zu einem Programm für jugendliche Alkohol- und Drogenabhängige angemeldet.

„Sie wussten nicht, was sie mit mir machen sollten", erzählte Monica mir bei unserer ersten Sitzung. „Und nach all den Jahren geht es mir nicht besser: Ich weiß nicht, was ich mit mir machen soll."

Wenn ich Klienten annehme, die schon in so vielen Therapien waren wie Monica, bin ich zunächst einmal neugierig, warum sie es immer noch sind. Leiden sie an chronischen psychischen Erkrankungen (z.B. Depressionen, Angstneurosen oder manisch-depressiven Störungen) oder an Persönlichkeitsstörungen, die eine Langzeitbeobachtung, Medikamentierung und unterstützende Psychotherapie notwendig machen? Haben Sie eventuell eine psychische Krankheit, die noch nicht richtig diagnostiziert und entsprechend behandelt wurde? Gibt es in ihrer Vergangenheit ein Trauma oder einen Verlust, das oder der ihre Fortschritte blockiert? So weit ich es beurteilen konnte, passte Monica in keine dieser Kategorien. Dennoch schien sie irgendwie festzustecken.

„Was haben Ihnen die Therapien in der Vergangenheit gebracht?" fragte ich sie.

„Ich verstehe mich selbst heute entschieden besser als ich es je ohne Therapie geschafft hätte. Ich fühle mich wohl mit all dem, was ich gelernt habe. Und, das hört sich vielleicht komisch an, ich genieße es", sagte Monica.

„Und was fanden Sie an den bisherigen Therapien besonders hilfreich?"

„Dass sie mir immer geholfen haben, die Dinge herauszubringen." Sie legte eine kurze Bedenkpause ein. „Aber glücklich bin ich immer noch nicht."

„Sie sind nicht glücklich?"

Monica lauschte ihren eigenen Worten, die ich wiederholt hatte. „Naja, nein, so ganz stimmt das nicht", sagte sie schließlich. „Ich würde nicht sagen, dass ich unglücklich bin." Eine weitere Pause. „Aber irgendetwas ist nicht in Ordnung. Es fehlt etwas. Ich war in allen möglichen Therapien, habe an Workshops teilgenommen, die von den besten und angesehensten Therapeuten veranstaltet wur-

den", noch eine kurze Pause, „aber ich scheine es trotzdem nicht hin-
zubekommen – jedenfalls nicht für längere Zeit."

Ich fragte: „Was meinen Sie damit, ,es nicht hinbekommen'?"

„Nun, ich weiß, dass ich intelligent bin und, wie gesagt, eine Menge
über mich gelernt habe, und ich gebe mir wirklich Mühe, es auch
anzuwenden, aber ich bin immer noch nicht glücklich."

Ich sagte nichts; Monica erkannte selbst, was sie eben gemacht
hatte. „Ich habe es schon wieder gesagt, nicht? Ich sagte ,ich bin nicht
glücklich.' Aber das ist nicht wahr."

„Dann sind Sie glücklich?" fragte ich.

„Nein", antwortete sie lachend. „Wow, das ist ziemlich erstaunlich.
Jetzt bin ich seit Ewigkeiten in Therapie und kann nicht einmal entscheiden, ob ich glücklich bin oder nicht. Sie müssen mich für reichlich bekloppt halten."

„Nein, ich halte Sie ganz gewiss nicht für bekloppt", sagte ich, „vielmehr scheint mir ihre Uneinigkeit mit sich selbst darüber, ob Sie
glücklich sind oder nicht, recht wichtig zu sein."

Ich sah Monica nur etwa ein Dutzend Male, und in diesen
Sitzungen konzentrierten wir uns darauf, Glück zu definieren. So wie
Kirby in einem Konflikt steckte, weil sie widersprüchliche Begriffe von
Leben hatte, war Monica verunsichert in der Entscheidung, was
Glück für sie bedeutete.

Sie war auf der Welle der beliebten New-Age-Therapien der 80er
mitgeritten und hatte deren stark spirituell ausgerichtete Vorstellung
adaptiert, nichts wäre wichtiger als positive Bestärkung. Wir fanden
heraus, dass das Problem eine zu vereinfachte Sicht dieses Positiven
war. Der Kerngedanke dabei ist, dass man die positiven Gedanken und
Tatsachen visualisiert und bestätigt, „Nein" zu den negativen sagt, und
schon sieht die Welt um uns herum rosig aus. Natürlich heißt das im
Umkehrschluss, wenn die Dinge sich nicht nach unseren Vorstellungen

entwickeln, wir Schwierigkeiten in der Beziehung, im Beruf oder in finanziellen Belangen haben, muss mit uns etwas nicht stimmen.

Ich überschreibe diese Denkweise gern als „Metaphysik trifft Ko-Abhängigkeit". Für viele von uns klassischen Ko-Abhängigen hatte das zur Folge, dass wir uns einerseits verantwortlich für die negative Wirklichkeit außerhalb unserer Kontrolle fühlen und andererseits durch die metaphysisch spirituellen Lehren des „Wir schaffen uns unsere Wirklichkeit selbst" ein noch negativeres Selbstbild von uns bekommen. Als Monica und ich darüber sprachen, fühlte ich mich an meine eigenen Erfahrungen mit diesem Dilemma erinnert. Ich hatte davon gelesen, wie wichtig es wäre „Wohlstandsbewusstsein" zu üben, indem ich so tat „als ob" ich bereits „erreicht" hätte, was ich „bestätigte", und häufte daraufhin einen immer größeren Berg Kreditkartenschulden an. Wie sich allerdings herausstellte, sichert die tägliche Wiederholung eines bestimmten Dollarbetrages nicht zu, dass der Scheck tatsächlich in der Post ist, wohingegen die Rechnungen bestimmt geschickt werden.

Die unbeabsichtigte Folge des „Metaphysik trifft Ko-Abhängigkeit"-Denkens ist die Tendenz, die Stärke der Hindernisse, die sich uns in den Weg stellen, zu unterschätzen oder gar zu leugnen. Eine weitere Hürde im persönlichen Reifungsprozess, die wir unserer „Psychotherapie-Epoche" verdanken, dürfte unsere Neigung sein, unser Verständnis unserer selbst zwar stetig zu verbessern, dafür aber konsequent alles zu unterlassen, was wir tun müssten, um etwas zu verändern. Erkenntnisse und Verständnis, die um ihrer selbst willen geschätzt aber nicht umgesetzt werden, sind wie eine Fußballmannschaft, die so begeistert von ihrer Spieltaktik ist, dass sie es nicht für nötig hält, auf dem Spielfeld zu erscheinen. „Lass dein Wissen nicht mietfrei bei dir wohnen", heißt es auf einer meiner Wandkarten, „sondern für seine Kost und Logis arbeiten."

Monica schätzte ihr gewonnenes Wissen nicht nur um seiner selbst willen, sondern hatte darüber hinaus eine „magische Vorstellung" von ihrem Leben entwickelt. Sie hing dem unrealistischen Glauben an, sie könnte alle Mauern, die sich ihr in den Weg stellten, mit einer bloßen positiven Bestätigung durchbrechen. Entsprechend war sie zu dem Schluss gekommen, jene Hindernisse, die sich auf diese Weise nicht schadlos passieren ließen, wären auf Fehler ihrerseits zurückzuführen. Sie glaubte, sie machte etwas falsch, wenn sie mit Hürden konfrontiert war, die sie nicht durch eine positive Einstellung zu nehmen vermochte. Und die Existenz dieser Hindernisse war für sie gleichbedeutend mit Unglücklichsein. Das erinnerte mich an den Gewichtheber, der sich beklagt, weil die Gewichte so schwer sind.

In einer der Sitzungen fragte ich Monica, worin sie den Sinn ihres Lebens sah.

„Der Sinn meines Lebens? Na, da sind wir heute also bei den einfachen Fragen angelangt", erwiderte sie im Scherz.

„Ja, was wäre einfacher als das?" sagte ich lächelnd. „Was ist der Sinn Ihres Lebens? Sagen Sie einfach, was Ihnen dazu einfällt."

„Ich möchte zwar nicht allzu abgedroschen klingen, aber ich glaube, dass ich lebe um zu lernen ... und um anderen zu helfen, etwas zu lernen."

„Was lernen?"

„Über mich selbst zu lernen. Zu lernen, ein besserer Mensch zu sein. Zu lernen, weniger selbstsüchtig und größzügiger zu sein. Zu lernen, was wichtig ist und was nicht."

„Hört sich gut an", sagte ich. „Und was glauben Sie, wie Sie diese wichtigen Dinge lernen?"

„Durch meine Erfahrungen, mein tägliches Leben. Ich lerne, wenn ich auf das achte, was in meinem Alltag passiert. Wenn ich etwas wirklich beherrsche, ist es, in der Gegenwart zu leben – Sie wissen schon ‚sei jetzt hier'. Und das ist wohl die schwierigste und wahrscheinlich wichtigste Lektion."

„Denken Sie noch einmal nach", sagte ich. „Besonders darüber, was Sie über sich selbst lernen, während Sie auf das achten, was um Sie herum geschieht."

„Naja, die besten Lektionen lerne ich offenbar, wenn ich mit Problemen konfrontiert werde", antwortete Monica.

„Richtig. Wir lernen und wachsen, indem wir die Hindernisse im Leben erkennen und uns ihnen stellen. Betrachten Sie es so: Wenn der Sinn Ihres Leben der ist, zu lernen, dann sind die Probleme und Hindernisse Ihre Lehrer. Sobald Sie die Sache vereinfachen und meinen, positives Denken wäre die einzig wertvolle Lektion, fallen Sie dem unrealistischen und unproduktiven Glauben zum Opfer, Sie könnten sich Ihre Lehrer einfach wegwünschen."

Monica dachte einen Moment nach. „Wenn man es so sieht, macht es wenig Sinn." Ich erinnerte Monica daran, dass ich grundsätzlich nichts gegen positives Denken einzuwenden hätte. Wir dürften nur nicht den Fehler begehen, es als ein Mittel zu definieren, Probleme mit dem geringstmöglichen Aufwand zu lösen (sprich: zu übergehen). Denn genau dann versäumen wir wichtige Lektionen. Jemand sagte mir einmal, man solle das Sprichwort „Die Not macht den wahren Menschen" korrigieren in: „Die Not zeigt den wahren Menschen".

Einige Monate nach unserer letzten Sitzung erhielt ich folgende E-Mail von Monica:

Lieber Thom,
ich möchte Ihnen für Ihren Beitrag zu meiner Lebenslektion danken und Ihnen erzählen, zu welcher Erkenntnis ich gelangt bin.
Ich habe festgestellt, dass ich Erleuchtung mit Glück gleichgesetzt habe. Entsprechend habe ich den Zustand des Nicht-Erleuchtetseins (der meist vorherrschte) stets so interpretiert, dass ich unglücklich wäre.

Ich weiß zwar nicht, was morgen sein wird, aber für heute bin ich zuversichtlich (ja, ich bejahe mich selbst nach wie vor), dass ich nach Erleuchtung suchen sollte und mein Glück davon abhängt, in genau diese Richtung zu streben.
Monica

Ich schreibe dies nicht, um die Bedeutung des positiven Denkens oder des „Wohlstandsbewusstseins" zu schmälern. Ich selbst denke bis heute gern an große Dollarbeträge, nur gehorche ich nicht mehr meinem Tyrannen, der mich auffordert, mich den metaphysisch Erleuchteten „anzuschließen". Stattdessen achte ich vor allem auf meinen Verbündeten, der allzeit pragmatisch bleibt und mir sagt, ich solle nichts kaufen, was ich nicht bezahlen kann. Der Verbündete ist weder so laut noch so eindringlich wie der Tyrann, hat dafür aber etwas vorzuweisen, was dem anderen gänzlich abgeht: Lösungen.

Wir neigen dazu, Angst für einen Teil des Problems statt für einen der Lösung zu halten. Deshalb sollten wir uns immer wieder klarmachen, dass dem Verbündeten zuzuhören heißt, unserer gesunden Angst zu vertrauen. Unser Verbündeter wacht über uns und informiert uns über reale Gefahren, während der Tyrann rund um die Uhr warnt und Gefahren erfindet, wo keine echten auszumachen sind. Kurz: Die gesunde Angst bietet uns an, uns zu führen, während die neurotische versucht, uns zu kontrollieren. So steht es auch auf einer meiner Wandkarten: „Angst ist manchmal Weisheit, manchmal Narretei." Beide voneinander zu unterscheiden, ist nicht immer einfach, doch absolut notwendig, wenn wir unser Leben nicht der Kontrolle des Tyrannen unterstellen wollen. Um die ruhige Stimme des Verbündeten in uns hören zu können, müssen wir die lautstarken Tiraden des Tyrannen überhören.

„Wohlstandsbewusstsein" zu üben, bis man sich hoffnungslos in Schulden verrannt hat, und „Erleuchtung" zu suchen und dabei ständig den Realzustand als Unglück zu definieren, sind zwei hervorragende Beispiele dafür, wie schnell wir das eigentliche Ziel verfehlen, wenn wir den übertriebenen Deutungen unseres Tyrannen glauben.

Eine unrealistische Wahrnehmung der Lebensrealität, äußere sie sich nun in Zynismus oder Naivität, ist letzthin nur eine Methode, mit der wir vor unseren Ängsten zurückweichen. Als Dorothy mich mit den Drohgebärden meiner Angst konfrontierte und ich mich vorbeugte, mich buchstäblich über meine Angst beugte, wollte ich damit den ersten Schritt demonstrieren, den wir ergreifen müssen, um den vierten Schritt unseres Programms einzuläuten – Reagieren. Dabei dürfen wir auf keinen Fall den Fehler begehen, was jetzt kommt zu unterschätzen oder zu vereinfachen. Ob wir unsere Angst als eine althergebrachte schlechte Angewohnheit betrachten oder als einen gut vorbereiteten Gegner spielt keine Rolle. In dem Augenblick, da wir entscheiden, ihr entgegenzutreten und uns gegen sie zu stemmen, landen wir direkt in der Mitte des Spielfeldes.

Als Präsident Roosevelt Amerika aufrief, eine Welt der vier Freiheiten anzustreben, hat er zweifellos gewusst, dass es nicht einfach sein würde und die volle Hingabe des amerikanischen Volkes und aller Menschen auf dieser Welt erfordern würde. Und wenn wir ernstlich beabsichtigen, diese Vision wahr zu machen, müssen wir damit beginnen, dass jeder Einzelne seiner individuellen Angst entgegentritt.

10

Sich vorwagen:
Auf unbekanntes Terrain vordringen

Kurz nachdem Präsident Roosevelt in seiner Rede von 1941 die vier Grundfreiheiten proklamiert hatte, begann Norman Rockwell sie in unserem nationalen Gedächtnis zu verankern, indem er jeder der Freiheiten ein Gemälde widmete. 1943 waren die Bilder fertig, und der Erlös aus dem Verkauf der Reproduktionen wanderte in einen Fonds, der die Kriegsbemühungen unterstützte.

Das Bild *Angstfreiheit* zeigt eine Mutter und einen Vater, die ihre beiden Kinder zu sich ins Bett nehmen. Es steht für Sicherheit und Geborgenheit, Wärme und Nähe. Was für eine wunderbare Illustration für Sicherheit: Mom und Dad halten uns in ihren Armen und wachen in der Nacht über uns. Rockwells Szene ist ein Idealbild. Leider ist die Wirklichkeit alles andere als ideal.

Sechzig Jahre nach der berühmten Rede streben wir immer noch nach den vier Freiheiten: der Freiheit der Rede, der Freiheit, seinen Gott anzubeten, der Freiheit von Not und Elend und der Angstfreiheit. Wer immer glaubt, wir lebten in einer Welt, in der diese Freiheiten gewährleistet sind, stellt sich einfach blind.

Ich bin davon überzeugt, dass die vierte Freiheit in direktem Zusammenhang mit den anderen dreien steht. Wollen wir auf unsere Rechte der Redefreiheit, der Glaubensfreiheit und der Freiheit von Not und Elend bestehen, müssen wir bereit sein mehr zu tun, als nur einen Anspruch auf die vierte Freiheit anzumelden. Wir müssen unsere Verantwortung dafür annehmen, ein Leben jenseits der Kontrolle durch unsere Angst zu führen. Mit unserem Vier-Schritte-Programm, der Leiter, die uns zu unseren tieferen Ängsten führt, und einer beständig verbesserten Unterscheidung des Verbündeten von unserem Tyrannen sind wir gründlich vorbereitet, genau das zu schaffen.

Mein Leben und meine Arbeit haben mich gelehrt, dass Angstfreiheit nicht heißt, die Angst loszuwerden, sondern vielmehr im Angesicht der Angst bewusste und gesunde Entscheidungen treffen zu können. Niemand wird uns die vier Freiheiten auf einem Silbertablett präsentieren, und meiner Meinung nach sollte es auch gar nicht so sein. Wie Monica bin ich ebenfalls der Ansicht, dass Menschsein vor allem bedeutet, aus den eigenen Erfahrungen zu lernen – einschließlich aller Unwägbarkeiten und allem Verdruss, der uns dabei beschert wird.

Zwar glaube ich keineswegs, dass Kampf die einzige Lernmethode ist, doch er ist gewiss eine besonders effektive. Dennoch geschieht es viel zu häufig, dass wir grundlos um etwas kämpfen, weil wir es einfach gewöhnt sind. Das Vertraute suggeriert uns automatisch ein Gefühl von Sicherheit, selbst wenn es destruktiv und gefährlich ist. Wir ziehen negative Sicherheit der Unsicherheit vor. Nehmen wir allerdings unsere Verantwortung für die vierte Freiheit an, entscheiden wir uns für einen anderen Weg. Und so klischeehaft es klingen mag, dieser Weg führt uns auf unbekanntes Terrain.

Ich werde nie vergessen, was einmal eine Klientin während einer Gruppensitzung sagte. Mary hatte mit gesenktem Kopf von der tiefen Traurigkeit und den Verletzungen erzählt, die sie in ihrem Leben erfahren hatte. Am Ende blickte sie auf, mascaragefärbte Tränen rannen ihr über die Wangen, und ihre Augen waren gerötet. Sie sah mich an und sagte: „Kein Wunder, dass nur wenige diesen Weg einschlagen."

Es folgte ein kurzes Schweigen, und dann lachte ich. Mary begann ebenfalls zu lachen, und die anderen Gruppenmitglieder stimmten bald darauf ein. Unser Lachen sollte nicht etwa lächerlich machen, was sie gesagt hatte, oder dessen Wirkung schmälern. Wir lachten ob der befreienden Erkenntnis, mit der wir uns alle identifizieren konnten. Unser Lachen einte uns und entsprach eher einem „da kannst du Gift drauf nehmen!"

Die selten eingeschlagenen Wege sind steiniger als andere. Und sie erfordern weit mehr Durchhaltevermögen von uns als die ausgetretenen Pfade. Die Wege, die uns auf unbekanntes Terrain führen, sind meist in einem schlechten Zustand – nicht so gepflegt und instandgehalten wie das gesellschaftliche Äquivalent der staatlichen Autobahn. Wer die Nebenstrasse fährt, muss einen Umweg mit mehr Kurven und Schlaglöchern in Kauf nehmen. Wir werden teilweise nur zwei Fahrspuren haben, so dass uns der Farmer mit seinem Pick-up oder seinem Traktor zwingt, das Tempo zu drosseln, und wir gut überlegen müssen, ob wir ein Überholmanöver wagen dürfen oder uns besser in Geduld üben sollten. Auch Letzteres hat seinen Reiz: Wer langsam fährt, kann die Landschaft besser genießen.

Jeder in der Therapiegruppe wusste, was Mary meinte und empfand, als sie diesen Satz sagte. Niemand kann im Voraus genau beschreiben, wie es sich anfühlen wird, wenn man die Verantwortung für die persönliche Reifung annimmt, doch sobald wir ein Stück auf diesem Weg gegangen sind, verbindet uns eine tiefe Einsicht miteinander. Diese Verbundenheit in der gemeinsamen Erkenntnis muss gefeiert werden, doch sollten wir sie nicht fälschlicherweise benutzen, um uns kritisch und arrogant von anderen zu distanzieren. Wer sich auf die Nebenstraßen wagt, sollte sich deshalb nicht für einen besseren Menschen als den Autobahnbenutzer halten. Ich habe für mich festgestellt, dass ich gar nicht beurteilen kann, auf welchem Weg sich jemand anders gerade befindet. Das nennt man

Bescheidenheit, und die wiederum sollte man stets im Reiseproviant haben. Sie erspart uns wertvolle Energien, die wir andernfalls darauf verschwenden, andere zu kritisieren oder abzuwerten.

Angst liebt es, Urteile zu fällen, und nichts kann uns zuverlässiger wieder in den Hauptverkehr zurückkatapultieren als Urteile über andere zu fällen. Angst benutzt Kritik wie der Tischler den Hammer. Und das funktioniert folgendermaßen:

Wir haben Angst davor, was andere über uns denken – die paar Leute, die wir kennen, die vielen, denen wir noch begegnen werden und vor allem all die, denen wir wahrscheinlich nie über den Weg laufen werden. Wir fürchten Individuen und Gruppen von Individuen; ihre mögliche Kritik versetzt uns in Angst und Schrecken. Aber wir kritisieren und verdammen gerade diese Menschen, weil wir Angriff für die beste Verteidigung halten. Wir verurteilen sie, um uns von unserer Angst vor ihnen abzulenken. „Du bist blöd (oder dumm, naiv, skrupellos, inkompetent, völlig daneben, mies)" lässt sich leichter denken als, „Ich habe Angst vor dir."

Mir fiel es erstmals wirklich auf, als einer meiner Therapeuten mich zu einer Meditation aufforderte, während derer ich über den Zusammenhang zwischen Angst und Vorurteil nachdenken sollte. Die Beschimpfungen kamen mir mit einer solchen Selbstverständlichkeit über die Lippen, dass zweifelsfrei feststand, wessen Stimme hier gesprochen hatte – nämlich die meines Tyrannen.

Angst nährt Vorurteile. Das tat sie immer und wird es auch in Zukunft weiter tun. Bei uns liegt die Entscheidung, ob wir dem glauben wollen, was die Angst uns sagt, ob wir denken, fühlen und handeln wollen, wie sie es uns vorgibt. „Lauf und versteck dich unter dem Tisch", sagte meine Angst mir beispielsweise, und ohne ein zweites Mal darüber nachgedacht zu haben, bin ich unter dem Tisch, den Kopf eingezogen. (Ein zweites Mal zu überlegen, ist aber genau das, worum es bei diesem Prozess geht.)

Wir müssen lernen, die Stimme unseres Tyrannen zu erkennen, damit wir ihr widersprechen oder zumindest den Gehorsam verweigern können. Das ist die Lektion, die unsere unbekannten Pfade säumt wie die Pinien die Straßen North Carolinas oder die Palmen die Alleen Floridas.

Die einfache Metapher der zwei verschiedenen Stimmen, der des Verbündeten und der des Tyrannen, mag auf den ersten Blick nicht sonderlich furchteinflößend wirken, doch die mögliche Wirkung, die ihre bewusste Trennung zeitigen kann, ist nicht zu unterschätzen. Unsere Beziehung zur Angst zu erkennen, statt Angst nur zu erfahren, kann unser Leben verändern. Mein Klient Matthew erzählte mir, dass es ihm gelungen war, seinen Tyrannen vom „Vorstandsvorsitzenden" zur „zeitweisen Nervensäge" zu degradieren, indem er sich täglich seiner neurotischen Ängste bewusst war. Kirby konnte ihre Fähigkeit, den Widerstreit in ihrem Innern zu erkennen und zu benennen, nutzen, um besser zu verstehen, was mit ihr geschah, und Frieden mit sich zu schließen, bevor sie starb. Junes Tyrann ist immer noch ziemlich stark, aber sie leistet Großes, indem sie ihn identifiziert und seine Befehle meist verweigert. Einer ihrer Siege ist der, dass sie sich von ihrem Tyrannen nicht daran hindern lässt, den Mann zu heiraten, den sie liebt.

„Ich habe den Tyrannen nicht einmal zur Hochzeit eingeladen", sagte sie mir eines Tages.

„Dann gab es keinen Tyrannen auf Ihrer Hochzeitsfeier?" fragte ich.

„Doch", sagte sie, „er kam natürlich trotzdem. Aber ich habe ihn einfach ignoriert."

Und der individuelle Nutzen, den wir daraus ziehen, wenn wir unsere Beziehung zur Angst drastisch verändern, ist erst der Anfang. Wir verursachen damit einen Wellenschlag, der sich auf all unsere Gemeinschaften auswirkt – angefangen bei der Zwei-Personen-Familie bis hin zu den globalen Beziehungen zwischen Nationen.

(Marshall Rosenberg, Ph.D., ein klinischer Psychologe, Lehrer und Autor, beschreibt diesen Welleneffekt in seinem Buch *Nonviolent Communication* [1999].)

Wie ich bereits eingangs sagte, besteht meine Arbeit vornehmlich darin, anderen zu helfen, sich von der Angst vor der inneren Tyrannei zu befreien, die uns alle bedroht. Doch wenn wir uns ansehen, welche Wellenwirkung diese Befreiung haben kann, lässt sich keine klare Trennlinie mehr zwischen innerer und äußerer Bedrohung ziehen. „Wie oben, so auch unten", lautet ein Satz, mit dem spirituelle Deckungsgleichheit umschrieben wird. Im übertragenen Sinne müsste er heißen: „Wie innen, so auch außen", denn der Zustand unserer Psyche spiegelt sich letztlich immer in der Welt um uns herum.

Die Politikerin, die eher dem Druck der Parteipolitik nachgibt als auf die Wünsche ihrer Wähler zu hören, ist nicht mutig. Das Gemeindemitglied, das nicht protestiert, wenn diese Politikerin sein Vertrauen missbraucht, ist kein bisschen besser. Und in beiden Fällen geht es nicht um Feigheit, sondern vielmehr um eine Veranschaulichung kultureller Faulheit. Wir neigen dazu, den Weg des geringsten Widerstandes zu wählen – Leben als Vermeidungsstrategie eben – bis wir durch irgendetwas auf die großen Möglichkeiten aufmerksam werden, die bewusste Entscheidun-gen uns eröffnen.

Ich glaube, dass wir in dieser Hinsicht fast alle – wenn nicht sogar ausnahmslos alle – gleich sind. Menschen sind vergesslich und leicht abzulenken. Wir müssen immer wieder aufgerüttelt werden und unserem Gedächtnis auf die Sprünge helfen, weil wir dazu neigen, den „Schlummer-Knopf" zu drücken und noch ein wenig weiterschlafen.

Das Gesamtpotenzial des Welleneffekts können wir wahrscheinlich gar nicht ermessen. Es erstreckt sich gewiss weit über das hinaus, was wir in einem Leben sehen und erfahren. Doch wir sollten uns angesichts der Beschränktheit der menschlichen Natur nicht davon abhalten lassen, unseren Beitrag zu leisten, und der beginnt bei jedem Einzelnen von uns. Ich will hier nicht politisches Engagement predigen, sondern lediglich meinem Glauben Ausdruck verleihen, dass, wann immer einer von uns Frieden mit dem schließt, was zuvor ein ungelöster Konflikt war, der Welleneffekt einsetzt. Und indem wir das Vier-Schritte-Programm durchmachen, können wir lernen, bessere Ehepartner, Eltern, Freunde und Mitglieder einer Gemeinschaft zu sein.

Die Herausforderung besteht darin, ein paar Steine ins Wasser zu werfen und abzuwarten, wohin uns die Wellenbewegungen bringen, wobei wir uns darüber im Klaren sein sollten, dass wir nicht kontrollieren, was geschieht, jedoch selbst entscheiden, wie wir darauf reagieren. Oft tragen uns die Wellen zunächst in der Zeit zurück, damit wir die Auswirkungen einer anderen Wellenbewegung erkennen: die Wirkung unserer Vergangenheit auf unsere Gegenwart.

Virginia war vier Jahre alt, als ihre Mutter an Krebs starb. Innerhalb von 18 Monaten heiratete ihr Vater wieder. Virginia glaubt, sein Heiratsgrund wäre vor allem der gewesen, dass seine fünf Kinder „eine Mutter brauchten". Falls dem so war, erwies er sich in der Wahl der Kandidatin als ausgesprochen ungeschickt. Virginias Stiefmutter beschimpfte und misshandelte die Kinder. Sie beherrschte das Haus eher als dass sie sich mühte, die fehlende Bezugsperson zu ersetzen. Obwohl Virginia sich nicht mehr an ihre richtige Mutter erinnern konnte, kam sie nie auf die Idee, ihre Stiefmutter als ein Elternteil anzusehen, und weigerte sich, sie mit „Mutter" anzusprechen. Der Vorname der Stiefmutter war Marjorie, und ihr Nachname begann mit einem F. Während der Therapiesitzungen bezog Virginia sich mit dem Kürzel „M.F." auf sie, was zugleich die Abkürzung für eines der übelsten Schimpfwörter ist.

Virginia konnte sich nur vage zu ihren Beschwerden äußern, als sie die Therapie begann. Wir hatten bereits mehrere Sitzungen hinter uns, als ich genauer nachfragte, warum sie zu mir gekommen war und wie sie glaubte, sich von mir helfen lassen zu können.

„Jimmy (Virginias Ehemann) ist häufig sauer, weil ich während unserer Unterhaltung so oft ‚abdrifte'. Ich weiß, dass ihn das wirklich trifft, aber ich habe keine Ahnung, wie ich es verhindern kann", erzählte sie.

„‚Driften' Sie denn wirklich ab, wie er sagt?" fragte ich.

„Ja, das tue ich. Trotzdem habe ich nicht das Gefühl, dass ich ihn tatsächlich verlasse, sondern ich habe einfach nichts zu sagen."

Ich dachte mir, dass entweder Virginia ein auffallend ruhiger Mensch sein musste oder ihr frustrierter Ehemann und sie gelangten in ihren Unterhaltungen immer wieder an Punkte, an denen einer oder beide sich emotionell abschotteten. Wie ein auffallend ruhiger Mensch kam sie mir allerdings nicht vor. In den bisherigen Sitzungen hatte sie ziemlich viel geredet, und ich konnte auch kein Verhalten feststellen, dass auf eine emotionale Blockade hinwies. Natürlich hatten Virginia und ich in unserer Beziehung auch noch keine Konflikte durchgemacht, und normalerweise sollte man davon ausgehen, dass emotionale Blockaden nur dann auftreten, wenn ein Konflikt vorhanden ist.

Ich schlug ihr vor, Jimmy zu einer unserer Sitzungen mitzubringen. Als wir drei zusammensaßen, wurde uns sehr schnell klar, wo diese „Blockade", wie wir sie nannten, lag. Wir entdeckten, dass sie eine automatische Reaktion auf seinen Ton und seine Lautstärke war. Wie nicht anders zu erwarten, klang seine Stimme zusehends lauter und gereizter, je frustrierter er wurde. Und daraufhin „blockierte" Virginia.

Die Verbindung zwischen der „Blockade" und den Schimpftiraden der Stiefmutter war unschwer auszumachen. Virginia hatte als Kind gelernt, bei ihrer Stiefmutter grundsätzlich den Weg des geringsten Widerstandes zu wählen.

„Was hätte es genützt, mich zu wehren?" sagte sie, und dabei war ihr deutlich anzusehen, wie hilflos und ausgeliefert sie sich gefühlt haben musste.

Beim ersten Anzeichen von Kritik, die sich vor allem über Lautstärke und Intonation vermittelte, zog sie sich zurück. Und diese Technik hatte sie so gründlich gelernt, dass sie sie automatisch auch in ihrer Ehe anwandte.

Ich fragte sie: „Wenn Sie sich zurückziehen, oder, wie Jimmy es nennt, ‚abdriften‘, wohin ziehen Sie sich zurück?"

„Darüber habe ich noch nie nachgedacht", antwortete sie.

„Dann sollten wir versuchen, es herauszufinden", schlug ich vor und begann eine Art abgewandelte „Leitertechnik". „Erzählen Sie mir einfach, was Ihnen in diesen Momenten durch den Kopf geht. ‚Wenn ich mich zurückziehe, dann …‘"

Virginia stieg auf die erste Sprosse: „Wenn ich mich zurückziehe, dann bin ich sicher."

Ich fuhr fort: „Ich bin sicher, weil …"

„… weil ich mich zurückgezogen habe." Bei dieser Übung sind Kreisreaktionen nicht ungewöhnlich. Wenn ich mich zurückziehe, bin ich sicher, ich bin sicher, weil ich mich zurückgezogen habe. Um aus diesem Kreis herauszukommen, muss man einfach hartnäckig bleiben.

„Wenn ich mich zurückgezogen habe und sicher bin, …" hakte ich nach.

Virginia war eine Weile still, was manchmal ein Zeichen dafür ist, dass Klienten zu sehr nachdenken, statt frei zu assoziieren. Doch Virginia dachte nicht nach, sondern horchte. Sie horchte nach innen, wo sie eine Reaktion entdeckte, die sie selbst überraschte.

„Das ist interessant", sagte sie schließlich. „Ich weiß nicht recht, was ich damit anfangen soll, aber das Satzende, das mir spontan einfällt ist: Wenn ich mich zurückgezogen habe und sicher bin, bin ich stark." Virginias Stimme klang unsicher, was nicht zu dem Wort „stark" passen wollte.

„Sie sind stark", sagte ich, diesmal nicht als Frage, sondern als Behauptung. Ich wollte, dass sie sich noch einmal anhörte, was sie eben gesagt hatte, und zwar ohne ihre hörbare Unsicherheit.

Sie ging ohne Zögern darauf ein. „Ja, ich bin stark." Während sie die Worte sprach, richtete sie sich etwas gerader auf und streckte kaum merklich die Schultern durch.

Dann beschrieb sie mit geschlossenen Augen, was in ihr vorging. „Wenn ich mich auf dieses Gefühl, oder was immer es sein mag, konzentriere, fühle ich mich ruhig. Befremdlich ruhig."

„Sie fühlen sich stark und ruhig?" fragte ich.

„Naja ... nein ... es ist eher so, als wäre die Ruhe die Stärke. Als wäre ich an einem sicheren Ort, an dem mich niemand findet."

Für wenige Sekunden war sie still, dann lächelte sie und sagte, „Ich glaube, Jimmy hatte Recht. Ich bin wirklich fort."

Ich wollte, dass sie diesem Eindruck weiter hinterherspürt, also fasste ich kurz zusammen: „Wenn Sie sich vor einem möglichen Konflikt fürchten, ziehen Sie sich an einen geheimen Ort zurück, an dem niemand Sie finden kann. Und dort fühlen Sie sich ruhig und stark. Richtig?"

„Ja, aber da ist noch etwas", sagte Virginia.

„Noch etwas?" fragte ich. „Etwas oder jemand?"

„Nein", antwortete sie. „Ein anderes Gefühl – etwas, das über die Stärke und Ruhe hinausgeht."

„Was für ein Gefühl?"

„Wut, glaube ich. Aber irgendwie auch nicht."

Ich beobachtete Virginia, die mit geschlossenen Augen auf dem Sofa in meiner Praxis saß, und stellte mir vor, wie sie ihre Neuentdeckung im Geiste in Händen hielt und sie eingehend betrachtete, wie ein Geologe einen Stein betrachtet, den er noch nicht kennt. „Es ist eine bestimmte Einstellung – irgendwie besserwisserisch ..."

„Wenn diese Einstellung eine Person wäre, was würde sie sagen?" fragte ich nach, um ihr zu helfen.

Virginia grinste. Ich konnte ihr ansehen, dass sie eine prompte Antwort erhielt. „Nun, was ist es?" fragte ich. „Ähm, das ist nicht besonders nett", sagte sie.

„Wir sind hier in einer Therapie. Sie müssen nicht nett sein", versicherte ich ihr.

„F – k dich."

„Was?" Ich arbeitete lange genug als Therapeut, um auf beinahe alles vorbereitet zu sein, doch dieser Satz überraschte mich wirklich.

„F – k dich", wiederholte sie. „Das sagt diese Einstellung."

Virginia und ich entdeckten das, was sie später ihre „stille Rebellin" nannte. Ihre stille Rebellion hatte ihr als Kind geholfen, sich der harschen – und scheinbar bösartigen – Attacken ihrer Stiefmutter zu erwehren. Insbesondere hatte sie ihr geholfen, ihre Identität zu wahren. Virginias Selbstwertgefühl hatte beträchtlich unter den Tiraden der Stiefmutter gelitten, aber ihre „stille Rebellin" hatte sie davor beschützt, sich selbst für die Person zu halten, die zu sein ihre Stiefmutter ihr unterstellt und vorgehalten hatte. In einer der Sitzungen beschrieb sie ihre „stille Rebellin" als jemanden, der jene Teile ihrer Persönlichkeit beschützte, die hilflos und ohnmächtig waren. „Sie ist wie eine kluge, durchsetzungsfähige große Schwester", sagte sie.

Solche Verteidigungsstrategien in der Kindheit sind oft notwendig, um das psychische – und manchmal auch physische – Überleben zu sichern. Als Kinder sind wir alle ausgesprochen kreativ, wenn es darum geht, Schäden zu minimieren oder abzuwenden, die mit von uns nicht beeinflussbaren Umständen einhergehen. Wir werden entweder enorm hilfsbereit und übernehmen die Verantwortung für das Wohlergehen aller anderen um uns herum, oder wir werden zu

Unruhestiftern, die ihren Schmerz (oder den der Familie) mit Verhaltensauffälligkeiten ausdrücken. Oder aber wir machen es so wie Virginia und eignen uns eine extrem hohe Toleranz gegenüber Vernachlässigung und/oder Missbrauch an, halten unseren Schmerz unter Verschluss, während wir nach außen vollkommen ruhig bleiben, weil wir uns nicht trauen, das Boot ins Schwanken zu bringen.

Als Heranwachsende übernahm Virginia mehr und mehr die Einstellung ihrer „stillen Rebellin". Ihre Philosophie lautete: „Steh einfach da und nimm hin, was M.F. dir auftischt. Tu so, als würdest du alles bereuen oder was immer sie von dir will, und mach, was sie sagt." Bei Virginia – wie bei vielen von uns – waren die kindlichen Überlebensstrategien äußerst kreativ und notwendig, doch sie reichten nicht aus, um sie mit ihrem Leben zufrieden sein zu lassen.

Ich erklärte ihr, dass das, was sie bisher für ihre Schwäche und Feigheit gehalten hatte (sich Konflikten nicht zu stellen), besser als Stärke und Mut bezeichnet werden sollte. Zumindest als die Stärke und den Mut eines Kindes, das mit vier Jahren seine Mutter verlor und fortan in der Obhut einer Erwachsenen leben musste, die selbst der Vierjährigen an emotioneller Reife deutlich unterlegen war.

„Die Stärke und der Mut, die Sie jetzt brauchen", sagte ich ihr, „sind anders als die, die Sie als Kind nötig hatten. Wenn Sie Ihren Anspruch geltend machen wollen, Ihr Leben selbst im Griff zu haben, wird es Zeit, dass Sie Ihre stille Rebellin laut werden lassen."

„Ja, ich sollte in meiner Ehe laut aussprechen, was ich denke. Ich weiß, dass ich aufhören muss, zu ,blockieren' oder ,abzudriften', sobald Jimmy auch nur ein bisschen verärgert scheint", erklärte Virginia.

„Ja, und Sie haben bereits damit begonnen, nach dem was Sie mir erzählen." Es ist ungeheuer wichtig, dass wir die Fortschritte, die wir in der persönlichen Reifung machen, wahrnehmen und anerkennen. Daher wollte ich Virginia deutlich machen, welche Veränderungen sie schon bewirkt hatte. Interessanterweise war eines der ersten

Resultate, die Virginias offeneres Auftreten zu Hause bewirkte, dass Jimmy mit einer Einzeltherapie begann, um unter anderem herauszufinden, warum er dazu neigte, so leicht aufzubrausen. Tja, zum Tango gehören eben zwei.

Weil die Therapie den Anspruch hat, unsere psychischen Wunden von innen nach außen zu heilen, schlug ich Virginia vor, einen Brief an ihre Stiefmutter zu schreiben – als eine symbolische Geste dafür, dass sie von nun ab ihr Leben selbst in die Hand nehmen würde. Solche therapeutischen Briefe helfen, aufgestaute Gefühle zu erkennen und freizusetzen, wobei ich allerdings jedem Klienten das Versprechen abnötige, diesen Brief niemals an den Adressaten zu schicken. Auf diese Weise braucht sich der Schreibende nicht zu zensieren. „Nehmen Sie einfach ein weißes Blatt und lassen Sie den Füller schreiben, was immer er schreiben will", empfahl ich Virginia.

Heraus kam ein Brief, bei dem die echte Virginia mit ihrer unglaublichen Ehrlichkeit, ihrer Kreativität und ihrem einzigartigen Sinn für Humor aus jeder Zeile sprach. Der Wortlaut war folgender:

M.F.:

Deine Stieftochter zu sein, ist, als würde man hässliche, zu kleine Schuhe tragen. Es sieht nicht gut aus, fühlt sich nicht gut an und hat mir Schwielen eingebracht, die ich wahrscheinlich nie mehr loswerde. Als deine Stieftochter habe ich mich ständig peinlich, beschämt, ängstlich, hässlich, verlogen, unerwünscht und dumm gefühlt. Du hast es geschafft, mich permanent klein zu machen, mich zu beschimpfen und zu erniedrigen, bis beinahe nichts mehr von mir übrig war. Du hast meine Zuversicht abgetötet, meinen Traum von einer schönen Kindheit zum Platzen gebracht, mich verprügelt und mich zur Lügnerin werden lassen.

Mit deinen fiesen Blicken hast du mich gelähmt. Du hast mir immerzu gezeigt, wer die Mächtigere von uns beiden ist. Und du hast mich in ständiger Angst leben lassen. Du hast dafür gesorgt, dass ich nicht mehr lachen konnte. Du hast mich dazu gebracht, Mauern um mich herum zu errichten, die mich emotionell, intellektuell und sozial isolierten. Wegen dieser Mauern konnte und wollte ich nichts mehr annehmen, was mir von außen angeboten wurde – Liebe, Freundschaft und Weisheit. Ich habe nicht gelebt, sondern nur zugeschaut, wie das Leben „passierte".

Du warst so besessen davon, deine Diktatur aufzubauen, dass du dafür über Leichen gingst. Ich war nicht die einzige, die du opfertest. Wir alle haben unter deinem Regime schwere Schäden davongetragen. Du hast mir solche Angst gemacht. Nicht nur vor dir ... Ich fing an, vieles zu fürchten, was mir das Leben anbot – kostbare Dinge wie Intimität, einfache Dinge wie Autonomie. Einerseits bedaure ich all die Jahre, die ich so gelebt habe. Andererseits bin ich froh, dass ich es nicht mehr tue.

Wenn ich an meine Jahre als Heranwachsende denke, empfinde ich sie vor allem als traurige Verschwendung. Ich wusste nichts, interessierte mich für nichts, lächelte nicht und hatte keine Hoffnungen. Mein Körper war da, aber meine Seele war schon lange verschwunden.

Es ist ein Jammer, dass du so viel Zeit mit Drohungen und Wutausbrüchen vergeudet hast. Es ist ein Jammer, dass du dich immer nur auf gemeine, herablassende Bemerkungen konzentriertest. Und es ist tragisch, dass du mich der Chance auf eine glückliche Kindheit beraubt hast.

Abschließend möchte ich dir Folgendes sagen: Ich gebe dir die Schuld für die meisten negativen Dinge in meinem Leben und halte dir nur sehr weniges zugute. Aber ich bin glücklich und stolz behaupten zu können, dass ich überlebt habe. Ich kann laut lachen. Ich kann aufse-

hen, statt mit gesenktem Kopf zu gehen. Und ich bin jeden Tag dankbar für die glückliche, gesunde Familie, die ich mitbegründet habe.

Virginia
P.S. Mein Therapeut wollte, dass ich diesen Brief schreibe.

Bei den Vorwürfen, die Virginia in diesem Brief äußerte, handelte es sich keineswegs um versteckte Rachegelüste. Vielmehr war die offene und klare Art, wie sie sich ausdrückte, ihr bewusster Verzicht auf „political correctness", hinter der sich meist doch nur Selbstschutz verbirgt, ein großer Schritt nach vorn. Sie verabschiedet sich von ihrem Wunsch nach Rache. Die Wandkarte zu diesem Thema trägt den Text: „Schuldzuweisungen sind ein nettes Urlaubsziel, aber du möchtest dort bestimmt nicht leben."

Robert Subby drückt es in seinem Buch *Lost in the Shuffle* (1987) noch treffender aus: „Als Kinder sind wir Opfer; als Erwachsene sind wir Freiwillige." Es gehört Mut dazu, die Wahrheit so klar wie möglich erkennen zu wollen, keine Entschuldigungen für unsere Eltern oder sonstigen Bezugspersonen während unserer Kindheit zu erfinden; aber es gehört ebenso viel Mut dazu, uns keine Entschuldigungen für uns als Erwachsene auszudenken.

Präsident Roosevelts vierte Amtsantrittsrede war die kürzeste in der amerikanischen Geschichte. Sie umfasste ganze 573 Worte, und er hielt sie weniger als drei Monate vor seinem Tod. In dieser Rede sagte Roosevelt:

Wir werden keinen dauerhaften Frieden schaffen können, wenn wir ihn voller Misstrauen und Verdächtigungen angehen – oder voller Angst. Wir werden ihn nur gewinnen, indem wir mit Verständnis, Vertrauen und dem Mut der Überzeugung vorgehen.

Diese Worte treffen heute genauso zu wie damals, ob wir unseren Platz in der globalen Gemeinschaft meinen oder über unsere inneren Widersprüche reden.

Wir haben ein Recht darauf, jenseits der Angstkontrolle zu leben, aber dieses Recht bedeutet, dass wir die Verantwortung übernehmen, unsere Angst zu sehen, zu ergründen, zu akzeptieren und auf sie zu reagieren – bewusst. Wir müssen uns der Wahrheit zuwenden, die wir entdecken, wenn wir nicht länger davonlaufen. Diese Straßen sind wenig befahren, weil sie schwierig sind, und wir werden dort immer wieder mit der simplen menschlichen Furcht davor konfrontiert sein, unseren sicheren Bereich zu verlassen. Ob wir dabei gefordert sind, dem Tyrannen in uns zu widersprechen, in unserer Ehe ehrlicher zu sein oder in unsere frühen Jahre zurückzureisen, um uns aus furchtbaren Lebensumständen zu retten, wir müssen es tun. Wie sonst wollen wir lernen?

Wie fühlen wir uns bei dem Gedanken, uns unserem Tyrannen entgegen zu stellen? Können wir uns vorstellen, die bewusste Entscheidung zu treffen, unbekanntes Terrain zu betreten, auf die Nebenstraße abzubiegen und zu sehen, welche Landschaft sich uns bietet? Jagt uns diese Vorstellung einen Schrecken ein?

Wir dürfen nie vergessen, dass ein Teil der Angst, die wir erleben werden, vollkommen gesund ist. Der Verbündete, der weniger wortgewaltig auftritt als der Tyrann, macht uns nichts vor. Er wird uns offen sagen, dass es nicht einfach wird, aber er wird uns auch als Erster bestätigen, wie richtig wir handeln. Der Verbündete spricht aus dem Blickwinkel der, wie ich denke, einzig legitimen Angst. Stimmt, ich sagte, es gibt letztlich nur eine einzige legitime Angst. Um es so einfach wie möglich zu machen, nenne ich sie „die Angst des Missverstehens".

Die meisten von uns stimmen darin überein, dass nicht entscheidend ist, dass wir leben, sondern vielmehr wie wir leben. Zumindest ist das die Auffassung, die wir vor uns und anderen vertreten. Andererseits lassen wir uns allzu leicht von unserem Alltag verschlingen, eingespannt in Umstände, die wir nicht kontrollieren, und entfernen uns infolgedessen schnell von unserem persönlichen Wertesystem. Der Tyrann leistet uns in diesem Punkt allzeit tatkräftige Hilfe.

Wenn wir von Liebe sprechen, unser Handeln jedoch von Angst bestimmt ist, entsteht unwillkürlich ein Bruch. Und dieser Bruch ist verantwortlich für den Schmerz, den wir empfinden, wenn wir vor lauter Angst unsere Träumen und Pläne aus den Augen verlieren. Der Verbündete weiß um diesen Schmerz und ist da, um uns zu warnen – uns einen kleinen Schrecken einzujagen.

„Vergiss nicht, worum es wirklich geht", sagt er uns ruhig und zuversichtlich.

Im Gegensatz zum Tyrannen respektiert der Verbündete, dass wir letztlich unsere eigenen Entscheidungen treffen. Er besteht nicht darauf, dass wir ihm zuhören, sondern stellt uns lediglich sein Wissen zur Verfügung. Es ist unser Job, ihm Aufmerksamkeit zu schenken, und unser Job zu entscheiden, dass die eine legitime Angst – sich von seinem Wertesystem zu verabschieden – größer ist als die Tausende und Abertausende kleiner Ängste, mit denen uns der Tyrann Tag für Tag bombardiert.

In der Therapie empfehle ich meinen Klienten häufig, solche Briefe zu schreiben, wie Virginia ihn an ihre Stiefmutter geschrieben hat. Sie dienen dazu, sich unabhängig von seiner Vergangenheit zu erklären. Einige Zeit später wollte ich Virginia bitten, einen zweiten Brief zu schreiben, diesmal an ihre neurotische Angst, die sie bislang davon abgehalten hatte, ihr Leben bewusst zu leben. Vorher sah ich mir noch einmal den Brief an, der an ihre Stiefmutter gerichtet gewesen war, und stellte fest, dass dieses Schreiben bereits eine überzeugende Unabhängigkeitserklärung von ihrer Angst war. Ich brauchte nur die

Anreden zu ändern, und schon hatte ich den Eindruck, Virginia hätte bereits mit dem ersten Brief vieles erreicht.

Ich zitiere nochmals den Wortlaut mit einigen kleinen Veränderungen.

Lieber Tyrann,
unter deiner Kontrolle zu sein ist, wie ein Paar hässliche zu kleine Schuhe zu tragen. Es sieht nicht gut aus, fühlt sich nicht gut an und hat mir Schwielen eingebracht, die wahrscheinlich nie mehr verschwinden werden.

Als deine loyale Untertanin kam ich mir peinlich, beschämt, ängstlich, hässlich, verlogen, unwichtig und dumm vor. Du hast es geschafft, mich klein zu machen und mich so zu erniedrigen, dass beinahe nichts mehr von mir übrig blieb. Du hast mir meine Zuversicht genommen, meine Träume zunichte gemacht und mich zu einer Lügnerin werden lassen.

Deine bösen Blicke lähmten mich. Du hast mir ständig zu verstehen gegeben, wer von uns beiden der Mächtigere ist. Du hast mich in einem Dauerzustand der Angst gehalten. Durch dich habe ich verlernt zu lachen. Du hast mir geholfen, Mauern um mich herum zu errichten, die mich intellektuell, emotionell und sozial isolierten. Diese Mauern sorgten dafür, dass ich weder Liebe, noch Freundschaft noch Weisheit annehmen konnte oder wollte. Ich habe nicht wirklich gelebt, sondern zugesehen, wie mein Leben „passierte".

Du warst so besessen davon, deine Diktatur zu erhalten, dass du dafür über Leichen gingst. Ich war nicht dein einziges Opfer. Wir alle haben unter deinem Regime gelitten und beträchtliche Schäden davongetragen.

Du hast mir solche Angst gemacht. Nicht nur vor dir … ich begann alles zu fürchten, was das Leben mir zu bieten hatte: kostbare Dinge wie Intimität; einfache Dinge wie Autonomie. Einerseits bereue ich all die Jahre, die ich so leben musste. Andererseits bin ich froh, dass ich nicht länger so leben muss.

Wenn ich an die Jahre meines Heranwachsens denke, empfinde ich sie als schmerzliche Verschwendung. Ich wusste wenig, interessierte mich für kaum etwas, lächelte selten und machte so gut wie nichts Positives. Mein Körper war da, aber meine Seele war längst fort.

Was für ein Jammer, dass du so viel Zeit mit Drohungen und Zornausbrüchen vergeudet hast. Was für ein Jammer, dass du dich in erster Linie auf miese, erniedrigende Bemerkungen konzentriertest. Und wie tragisch, dass du mich der Chance auf eine glückliche Kindheit beraubtest.

Abschließend möchte ich dir Folgendes sagen: Ich gebe dir die Schuld an dem meisten Negativen in meinem Leben, und es gibt so gut wie nichts, was ich dir zugute halten kann. Aber ich bin glücklich und stolz sagen zu können, dass ich trotz dir überlebt habe. Heute kann ich laut lachen. Ich kann wachen Auges statt gesenkten Hauptes durchs Leben gehen. Und ich bin jeden Tag dankbar für die glückliche und gesunde Familie, die ich mitbegründen durfte.

Virginia

Ich brauchte Virginia nicht zu bitten, einen zweiten Brief zu schreiben. Stattdessen möchte ich diese Aufgabe den Lesern antragen. Schreiben Sie einen Brief an Ihren Tyrannen. Verfassen Sie Ihre eigene Unabhängigkeitserklärung.

11

Jenseits der Mauer:
Das mutige Leben leben

An einem Sonntagmorgen im Frühjahr 1959 betrat eine junge farbige Frau die ausschließlich von Weißen besuchte Park Street Methodist Church in Atlanta, Georgia. Zwei Kirchendiener kamen eilig auf sie zu und beabsichtigten offenbar, sie direkt wieder aus dem Gebäude zu geleiten. Es war allgemeine Vorgehensweise in dieser Kirche, dass den Kirchendienern die Aufgabe zufiel, jedermanns Anwesenheit vorzubeugen, der „einen störenden Einfluss" auf die Gemeinde ausüben könnte.

Der 40-jährige Pastor, der gerade die Messe las, verstummte für fünf Sekunden, die auf die Anwesenden wie eine halbe Ewigkeit wirkten.

„Dies ist Gottes Haus", sagte er. „Hier ist ein jeder willkommen, der ihn ehren und preisen will."

Die Kirchendiener traten widerwillig beiseite, und die junge Frau setzte sich in eine der Kirchenbänke. Später ging sie zur Kommunion nach vorn an den Altar und kniete sich zwischen zwei weiße Mädchen.

Wer auf der Suche nach einem Rollenmodell dafür ist, wie man sich der Angst stellt, findet in dieser Geschichte gleich mehrere. Ich kenne den Namen der jungen farbigen Frau nicht, aber ich würde sie gern einmal kennen lernen und ihr für die Stärke danken, die sie an jenem Tag bewies. Ich genieße allerdings das Privileg, den Pastoren zu kennen, Reverend Leon Smith. Dreißig Jahre später war Leon Smith eine Zeit lang mein Therapeut, der zu meinem Kollegen und Freund werden sollte. Er war immer schon ein ideales Rollenmodell für Mut.

Als Leon 82-jährig starb, zeigte mir sein Sohn Mark den Brief einer Frau, die damals in der Park Street Church gewesen war.

Lieber Mark,

ich bin sicher, dass mein Brief nur einer von unzähligen ist, die Ihre Familie zum Tode Ihres Vaters erhält. Ich war ein Teenager, als Leon Smith Pastor an der Park Street Church im West-End war. Was für ein Glück ich hatte! Seine Integrität und Wärme, sein Humor, sein Intellekt und sein soziales Bewusstsein haben ihre wunderbaren Spuren in meinem Leben und dem vieler anderer junger Menschen meiner Generation hinterlassen.

Ich erinnere mich gut an den Zwischenfall mit der farbigen Frau, die in unsere Kirche kam. Ich weiß sogar noch, dass es Carrell Ann Larmore und Julie Winn waren, die während der Kommunion neben ihr knieten. Nie war ich stolzer auf meine Kirche als in diesem Moment. Während der damals vorherrschenden Rassenunruhen hatte ich das Vertrauen in viele Gemeindemitglieder verloren, die der Generation meiner Eltern angehörten. Ihr Vater hat mir und allen anderen gezeigt, dass nicht alle Menschen dieser Altersgruppe voller Bigotterie und Hass waren.

Mit dem tiefsten Mitgefühl ob Ihres Verlustes,
Judy Thomas Nobles

Die beiden jungen Frauen, Carrell Ann Larmore und Julie Winn, die neben der jungen Farbigen knieten, sind ebenfalls Rollenmodelle für Mut. Mark lies mich den Kondolenzbrief lesen, den Carrell Larmore geschrieben hatte:

Lieber Mark,
mit tiefer Traurigkeit las ich in der Zeitung vom Tod Ihres Vaters. Ihr Vater war ein besonderer Mann, Ihre Mutter eine besondere Frau, und die beiden ein ganz besonderes Paar.
Ich war Teenager, als Ihre Familie im Pfarrhaus der Park Street Church lebte. Ich war gerade über die Ferien vom College nach Hause gekommen und an jenem Tag im Gottesdienst, als die junge Spelman-Studentin in die Kirche kam. Ihr Vater hat in dieser Situation mit viel Mut und Würde reagiert. Ich saß mit der jungen Frau in einer Kirchenbank und trat bei der Kommunion beiseite, damit sie zwischen Julie Winn und mir knien konnte, weil ich nicht wollte, dass sie zwischen den wütenden Menschen hinter uns knien musste. Ihr Vater hat mir durch sein Beispiel Mut gemacht, so dass ich erstmals für Bürgerrechte eintreten konnte. Als ich zum Duke-College zurückkehrte, habe ich mich dort sogleich einer Bürgerrechtsbewegung angeschlossen.

Carrell Larmore (Dammann)

Ich bin sicher, dass die meisten anderen Menschen, die an diesem Tag in der Park Street Church am Gottesdienst teilnahmen, nicht schlecht oder böse waren. Vielleicht ist es nicht einmal fair, sie als Feiglinge zu bezeichnen. Aber gewiss waren viele unter ihnen, die sich nicht von ihrer Angst lösen konnten, um Stärke und Integrität zu beweisen. Ich würde mir natürlich gern einbilden, wäre ich dort gewesen, hätte ich mutig gehandelt, doch das kann ich nicht wissen. Stellen wir uns einmal vor, wie viel Mut es braucht, sich gegen den heutigen Rassismus zu stellen, und multiplizieren wir ihn mit Tausend – mindestens. Das war ungefähr das Maß an Courage, das an diesem Tag in der Park Street Church in Atlanta, Georgia, bewiesen wurde.

Haben diese Menschen sich an jenem Tag so verhalten, weil es ihrem Naturell entsprach? Waren Leons, Carrells, Julies und vor allem der jungen Frau Absichten von Anfang an die, gegen die Mehrheit für etwas einzutreten? Wie viel Angst mussten sie überwinden, um die Menschen zu sein, die sie an diesem Tag waren, um so zu handeln, dass ich 40 Jahre später noch ihre Geschichte erzähle? Ich kenne die Antworten auf diese Fragen nicht, und letztlich sind sie auch nicht ausschlaggebend. Ausschlaggebend ist nämlich, dass sie so handelten, wie sie es ihrem Wertesystem entsprechend für nötig hielten. Und zu diesem Wertesystem gehörte der Glaube an die Gleichheit aller Menschen und, in diesem besonderen Fall, an einen der Eckpfeiler unseres Landes: die Freiheit des Glaubens, die Präsident Roosevelt als eine der vier Grundfreiheiten nannte.

Unser Handeln entscheidet darüber, wer wir sind. Absichten zählen, sind jedoch ein erbärmlicher Ersatz für Selbstdefinition. Bei diesem Gedanken müssen wir sorgfältig sein, ihn nicht fehl zu interpretieren; er besagt nicht „Die Resultate unseres Handelns bestimmen, wer wir sind." Viele Variablen wirken auf die Resultate ein, und obwohl wir sie gewiss beeinflussen können, kontrollieren wir sie meist nicht. Perfektionisten lassen sich dadurch lähmen, dass sie genau das Gegenteil unterstellen: die Resultate sind das Einzige, was zählt.

Oft wissen wir nicht, welches letzthin das Ergebnis unseres Handelns sein wird – und erfahren es möglicherweise nie. Daher ist es ein Fehler, nur die unmittelbaren Konsequenzen zu berücksichtigen. Ich bin sicher, die Leute in der Park Street Church an jenem Frühlingstag 1959 wussten nicht, welche grundlegenden Veränderungen im Zusammenleben von Schwarzen und Weißen in den USA sich anbahnten, doch der Welleneffekt ihres Verhaltens addierte sich zu weiteren Welleneffekten über die nächsten Jahre hinaus und wuchs schließlich zu einer Riesenwelle von Bürgerrechtsbewegungen heran.

Meine College-Freundin Sarah sagte mir 1975, sollte ich mich jemals für einen anderen Menschen so sehr interessieren wie für den Alkohol, hätte ich die Chance, eine gute Beziehung zu führen. Ich trank noch elf Jahre lang weiter, vergaß Sarahs Worte jedoch nie. Und sie blieben immer wahr. Auch dies ist ein Beispiel dafür, welche Wellenwirkung die Wahrheit haben kann.

Genau darum geht es in diesem Buch: die Wahrheit erkennen und ausdrücken, in Worten wie in Taten. Meine gute Freundin Evelyn Barkley Stewart, von der das Buch *Life with the Panic Monster* stammt, sagte, wenn wir unseren Ängsten eine Stimme verleihen – die Wahrheit über unsere Hilflosigkeit eingestehen – sind wir sofort gefeiter dagegen, dem Diktat dieser Stimme zu gehorchen. Evelyn hat mich auf die Idee zu einem weiteren Wandkartentext gebracht: „Tratsche über deine Ängste. Dieser Klatsch ist tatsächlich erlaubt."

Um nach dem KEINE-ANGST-Motto handeln zu lernen, das mir die leise Stimme in meinem Kopf empfiehlt, muss ich die Dinge laut aussprechen. Ich werde nichts erreichen, so lange ich vor der Welt geheim halte, wer ich bin. Meine Aufgabe, wie die von uns allen, besteht darin, mich zu repräsentieren, alles darüber zu erfahren, wer ich sein möchte, und anschließend hinauszuziehen und genau diese Person zu sein – so gut wie ich es irgend kann.

Ich bekam vor einigen Jahren Gelegenheit, eine Vortragsserie vor Mitarbeitern der Firma Jack Daniels Corporation (Brown-Forman, Inc.) zu halten. Für mich als trockenen Alkoholiker war das Angebot besonders reizvoll. Natürlich bezog ich mich in meinen Vorträgen auch auf meine Alkoholabhängigkeit, sagte den Zuhörern aber, sie dürften es nicht etwa so verstehen, als hätte ich etwas gegen ihr Produkt.

„Eigentlich", sagte ich den Jack-Daniels-Mitarbeitern, „mag ich Ihr Produkt sogar verdammt gern – und das ist mein Problem. Aber als halbwegs intelligenter Mensch, der ich bin, stellte ich irgendwann fest, ich hätte den mir zustehenden Anteil an Jack Daniels bereits längst aufgebraucht. Deshalb hielt ich es für richtig, auch etwas für die anderen übrig zu lassen."

Während dieser Vortragsreihe sprach ich nicht nur über meinen Kampf gegen den Alkoholismus, sondern auch über meine Depressionen und deren Behandlung sowie über meine Erfahrungen mit exzessiver Selbstkritik und lang gehegter neurotischer Angst. Dabei war meine Absicht keineswegs die, meine Botschaft unter einer Flut von Geschichten aus meinem Leben zu ersticken. Vielmehr vertrete ich die Meinung, dass meine Glaubwürdigkeit sich zum wesentlichen Teil meinen persönlichen Erfahrungen verdankt und nicht nur meiner Ausbildung und Berufserfahrung.

Nach einem der Vorträge kam eine Frau zu mir. Dem Aussehen nach musste sie in den 50-ern gewesen sein. Sie schüttelte mir die Hand und sagte ernst: „Ich möchte Ihnen dafür danken, dass Sie selbst so gescheitert sind."

Ich lachte, antwortete dann aber mit dem gleichen Ernst: „Gern geschehen."

Mir war sofort klar, was sie meinte. Sie dankte mir dafür, dass ich „so gescheitert" war und bereit, darüber offen zu sprechen. Häufig bestätigen mir andere, wie erleichtert sie wären, wenn sie erfahren, dass das, was sie in ihrem Leben durchgemacht haben, nichts Ungewöhnliches ist. Womit wir wieder beim „Mythos der Singularität" angelangt wären, der uns suggerieren will, dass unser Bewusstsein von einem einheitlichen, gradlinigen Denkprozess bestimmt sein sollte. Wenn die Menschen hören, dass wir geschäftige Komitees in unseren Köpfen unterhalten, dass Widersprüchlichkeit die Norm ist, sind sie aus zweierlei Gründen erleichtert. Zum einen weil sie die Erkenntnis beruhigt, sie wären nicht verrückt, und zum anderen weil die Vielseitigkeit des menschlichen Bewusstseins ihnen neue Hoffnung auf ein besseres Selbstwertgefühl und Erfolg im Leben gibt. Eine der besonders beliebten Wandkarten in meiner Praxis trägt die Aufschrift: „Wir alle reden mit uns selbst; wir müssen nur besser darin werden."

Sehen wir uns einmal folgenden Monolog an:

Ich habe Angst. Ich bin schwach, weil ich Angst habe, ein Hasenfuß. Es ist normal, Angst zu haben, und ängstlich zu sein macht mich nicht automatisch zu einem Hasenfuß. Ich bin durcheinander, schwach, ich bin nicht völlig abnormal, ich bin normal, ich bin weit entfernt davon, normal zu sein. Ich bin jämmerlich. Nicht genug damit, dass ich schwach bin, ich bin auch noch schwachsinnig – höre sich doch bloß einer meine krausen Gedanken an. Ich denke, ich bin ganz okay. Eigentlich habe ich kein wirkliches Problem. Ich bin das Musterbeispiel eines Problemfalls. Ich bin sicher, dass ich ganz in Ordnung bin. Schwach. Nein, ich glaube nicht.

Die Quintessenz dessen, was ich meinen Klienten, meinen Zuhörern bei Vorträgen und meinen Lesern beibringen möchte, damit sie Veränderungen erreichen können, findet sich – wen wundert's – auf den Wandkarten in meiner Praxis. Gleich mehrere von ihnen lassen sich auf obigen Monolog anwenden. Eine wäre, „Nicht dein Gedanke zählt, sondern deine Beziehung zu diesem Gedanken", eine andere, „Alles ist Beziehung."

Übersetzen wir nun den Monolog in Beziehungskonstrukt, indem wir ihn auf zwei verschiedene Stimmen verteilen, liest er sich wie folgt:

Ich: *Ich habe Angst.*
Kritiker: *Du bist schwach, weil du Angst hast, ein Hasenfuß.*
Ich: *Es ist normal, Angst zu haben, und ängstlich zu sein macht mich nicht automatisch zu einem Hasenfuß.*
Kritiker: *Nein, du bist schwach und garantiert ein Hasenfuß.*
Ich: *Ich bin durcheinander.*
Kritiker: *Na klar. Du bist durcheinander, weil du schwach bist.*
Ich: *Ich glaube nicht, dass das außergewöhnlich ist; ich bin nicht abnormal. Eigentlich ist das, was ich im Moment durchmache, normal.*
Kritiker (lachend): *Du bist weit davon entfernt, normal zu sein. Du bist jämmerlich. Nicht genug damit, dass du schwach bist, du bist auch noch schwachsinnig – hör dir doch bloß deine krausen Gedanken an.*
Ich: *Nein, ich denke, ich bin ganz okay. Diese „krausen Gedanken" stammen von dir. Du willst mich damit verletzen. Das ist kein Problem für mich.*
Kritiker: *Kein Problem?! Du bist das Paradebeispiel eines Problemfalls!*
Ich: *Ich bin sicher, dass ich ganz in Ordnung bin.*
Kritiker: *Schwächling!*
Ich: *Nein, glaube ich nicht.*

(Beachtenswert ist, dass die kritische Stimme während des Dialogs ihre Meinung nicht ändert und auch nicht ändern muss, damit es mir besser geht.)

Den Monolog in einen Dialog umzuwandeln, hat mehrere, zum Teil sehr wichtige Vorteile. Der offensichtlichste ist wohl der, dass er weniger verwirrend wird; wir haben nicht mehr das Gefühl, dass unsere Gedanken vor und zurück gehen und wir einzelnen Bruchstücken nachjagen müssen, um die Widersprüchlichkeiten zu verstehen. Im Monolog stellen sich die Widersprüche als Verwirrung dar und rufen bisweilen Angst vor dem Verrücktwerden hervor. Im Dialog hingegen sind dieselben Widersprüche nicht nur verständlich, sondern wir erkennen, dass sie innerhalb des Denkprozesses einen Zweck erfüllen. Meldet sich die Kritikerstimme zu Wort, brauchen wir diese Dialoge. Andernfalls nehmen wir seine Aussagen widerspruchslos an – buchstäblich ohne eine zweite Meinung einzuholen.

Wenn Klarheit also der offensichtlichste Vorteil der Dialogform ist, dann ist meines Erachtens der wichtigste der, dass wir unsere Identität als von diesen Gedanken getrennte wahrnehmen (in diesem Fall von der Selbstkritik angesichts des Angstempfindens). Wir gewinnen also einen unantastbaren Kern, auf den wir aufbauen können. An dieser Stelle tritt der Held der Geschichte auf die Bühne. Ich möchte nun den Leser bitten, sowohl den Monolog als auch den Dialog nochmals zu lesen und sich anschließend zu fragen, auf wessen Seite er oder sie steht.

Die Dialogversion gibt uns die Chance, uns auf unsere Seite zu stellen, zum Verteidiger unserer selbst zu werden. Daher ist sie besonders hilfreich für all jene, die sich über Jahre mit Selbstkritik und inneren Drohbotschaften identifizierten, so dass sie schließlich die negativen Gedanken als objektive Wirklichkeit akzeptierten. Um der Wahrheit auf den Grund zu gehen, müssen wir oft mit diesen internen Streitgesprächen anfangen – indem wir mindestens zwei gegensätzliche „Wahrheiten" ausmachen. Die Angst, die uns blockiert, ist die davor, ins sprichwörtliche Wespennest zu stechen oder die mythische Büchse der Pandora zu öffnen.

Ich erinnere mich noch, wie Kirby und ich uns während einer der

Sitzungen fragten, ob wir mittels der Dialogtechnik versehentlich jenen Teil ihrer Persönlichkeit gestärkt haben, der Leben als die Überwindung physischen Daseins definierte. Nachdem wir eine Weile laut darüber nachgedacht hatten, kamen wir zu einem Schluss, dem ich bis heute beipflichte: wenn wir den Denkprozess in Dialogform umsetzen, erschaffen wir damit nichts, was nicht zuvor schon da war. Und indem wir unsere inneren Konflikte ans Licht zerren, gewinnt genau jener Aspekt unserer Persönlichkeit an Stärke, Glaubwürdigkeit und Einfluss, den ich die „zentrale Identität" nenne. Ich habe diese zentrale Identität bereits in meinen vorherigen Büchern angesprochen, unter anderem im *Decision Maker*.

Um die Angst vor dem Stich ins Wespennest oder dem Öffnen der Pandora-Büchse zu ergründen, brauchen wir uns nur noch einmal unseren vier Schritten zuzuwenden. Zum Beispiel:

Sich der Angst stellen: Ich fürchte, wenn ich anfange, meinem internen Konflikt Aufmerksamkeit zu schenken, werde ich mich eher schlechter als besser fühlen. Ich werde damit etwas beginnen, was mir später Leid tut oder bei dem mir mittendrin klar wird, dass ich es nicht erfolgreich zu Ende bringen kann.

Die Angst erkennen: Wenden wir die Leitertechnik auf die oben beschriebene Angst an:

„Ich habe Angst davor, mich schlechter zu fühlen und zu versagen."
„Wenn ich mich schlechter fühle und versage, werde ich das letzte bisschen Hoffnung verlieren, das mir noch geblieben ist."
„Wenn ich das letzte bisschen Hoffnung verliere, das mir noch geblieben ist, werde ich erledigt sein und den Rest meines Lebens mit emotionellen Qualen leben."
(Genau genommen sind wir hier schon weit genug die Leiter herabgestiegen, um mit den Ergebnissen produktiv arbeiten zu

*können, aber ich würde trotzdem gern noch ein oder zwei
Sprossen tiefer steigen. Es kann hilfreich sein.)
„Wenn ich erledigt bin und den Rest meines Lebens mit emotionellen Qualen leben muss, werde ich erkannt haben, dass
meine größten Ängste die vor Sinnlosigkeit und Einsamkeit
sind."*

(Ich bin immer wieder aufs Neue fasziniert, wie oft die Leiter zu
Ängsten vor Einsamkeit und/oder Sinnlosigkeit führt. Ich betrachte
es weniger unter pathologischen Gesichtspunkten, als dass ich darin
ein klares Indiz für unser menschliches Bedürfnis nach Gemeinschaft
und unser spirituelles Bedürfnis nach einem Sinn sehe.)

Die Angst akzeptieren: Dies sind meine Ängste. Sie entsprechen
nicht den Tatsachen und sind auch keine genauen Voraussagen der
Ergebnisse, die ich erziele, wenn ich mich auf meine internen
Konflikte konzentriere. Ich muss meine Ängste nicht verändern. Sie
sind, was sie sind, aber sie verfügen nicht über die Autorität, mich in
meinem Fortschritt zu bremsen.

Auf die Angst reagieren: Ich weiß, wenn ich mich direkt auf meinen
internen Konflikt konzentriere, begebe ich mich in einen Bereich, in
dem zunächst einmal Verwirrung und erhöhte Angst herrscht. Ich
weiß, dass es wahrscheinlich noch dunkler werden wird, ehe es hell
wird. Aber ich glaube nicht daran, dass meine größten Ängste
(Sinnlosigkeit und Einsamkeit) sich bestätigen werden. Vielmehr glaube ich, dass sie mich nur so lange bedrohen wie ich mich vor der
Arbeit an meiner persönlichen Reifung sperre. Da mir klar ist, dass ich
ein unvollkommenes menschliches Wesen bin und über keinerlei pro-
phetische Gaben verfüge, muss ich das Risiko akzeptieren, dass meine
Ängste sich eventuell als berechtigt erweisen. Ich glaube zwar nicht,
dass es so kommen wird, aber ich bin bereit, es zu riskieren. Diese
widersprüchliche Reaktion – einerseits die Glaubwürdigkeit der inne-

ren Drohungen in Frage zu stellen und zugleich zu akzeptieren, dass sie sich als richtig erweisen könnten – ist von nicht zu unterschätzendem Wert.

Es gibt noch eine weitere Technik, die bei diesen „Wenn-dann"-Strategien hilfreich ist, nämlich: Wir machen uns eine Liste von den spezifischen Ängsten, die wir in bestimmten Situationen haben, und wenden uns dann jeder dieser Ängste einzeln zu, indem wir vorgeben, was wir befürchteten, wäre tatsächlich eingetreten. Dann gehen wir an jede dieser Ängste heran und versuchen, vernünftig und produktiv auf sie zu reagieren. Wenn unsere Angst beispielsweise die ist, unseren Job zu verlieren, sollten wir einen Plan machen, wie wir damit umgehen würden. „Wenn ich meinen Job verliere, fände ich das verletzend und beängstigend, aber ich muss nicht gleich panisch werden. Ich habe eine Menge Freunde und Bekannte, die mir helfen würden, eine neue Stelle zu finden. Vielleicht finde ich sogar einen besseren Job."

Aus offensichtlichen Gründen wurde diese Technik vielfach als negativ und kontraproduktiv kritisiert. Dabei beabsichtigt sie das Gegenteil. Sobald wir realistische und spezifische Pläne entwickeln, mit denen wir jeder der Ängste auf unserer Liste begegnen, befreien wir uns von den internen „Das wird dir Leid tun"-Drohungen.

Die Angst sagt: „Wenn du tust, was dieser Idiot Rutledge dir erzählt, wirst du bestimmt deinen Job verlieren und dein Mann wird dich verlassen."

Daraufhin verspürt die Angesprochene ein unangenehmes Grummeln im Bauch, weil die wichtigsten Bereiche ihres Lebens bedroht sind, sie antwortet der Angst jedoch: „Das glaube ich nicht, doch selbst wenn, habe ich Pläne gemacht, die mich auf den schlimmsten Fall vorbereiten."

Wie hoffentlich jeder Leser im Verlauf des Buches erkannt hat, befreien uns selbst die wirksamsten Techniken nicht von Angstgefühlen. Angst ist eine universelle Erfahrung, die uns eint.

Natürlich erfahren wir sie alle unterschiedlich und reagieren auch unterschiedlich auf sie, aber in Wahrheit gibt es nur zwei verschiedene Weisen, mit ihr umzugehen: sie einzugestehen oder sie zu leugnen (vor sich selbst und/oder vor anderen). Gibt es wenige Ausnahmen von dieser Regel? Vielleicht, aber sie sind eben die große Ausnahme.

Was ich hier zu vermitteln versuchte, ist, dass wir uns täglich auf unser inneres Komitee einstimmen müssen, um zwischen der gesunden und der neurotischen Angst zu unterscheiden – zwischen dem Verbündeten und dem Tyrannen. Meiner Überzeugung nach entscheidet unsere Reaktion auf die beiden darüber, was wir mit unserem Leben erreichen. Dieser Gedanke ist übrigens wunderbar in Albert Brooks Film *Rendezvous im Jenseits* aufgegriffen worden, in dem Brooks und Meryl Streep zwei kürzlich Verstorbene spielen, vor denen ihr ganzes Leben noch einmal abgespielt wird, weil danach entschieden werden soll, was mit ihren Seelen geschieht. Wie sich herausstellte, ist das entscheidende Kriterium, wie sie während ihres Lebens auf Angst reagiert haben. Allen, die den Film nicht kennen, empfehle ich dringend, ihn sich auszuleihen. Er ist nicht nur sehr unterhaltsam, sondern man fühlt sich hinterher, als hätte man soeben eine hervorragende Therapiesitzung durchlebt.

Unser Umgang mit der Angst entscheidet darüber, wie wirksam wir uns den Mauern in unserem Leben stellen und sie durchbrechen. Dabei müssen wir allzeit daran denken, dass unsere Angst den Mörtel ausmacht, der die Steine zusammenhält. Um diesen Mörtel zu schwächen, müssen wir direkt zu unseren Ängsten vordringen, die Leiter herabsteigen und unser Vier-Schritte-Programm durcharbeiten. Und wenn wir all das geschafft haben, werden wir auf die andere Seite der Mauer gelangen.

Kehren wir kurz zu unserer Mauer-Visualisierung zurück und erinnern uns daran, wie die letzten Fragen zum Leben jenseits der Mauer lauteten:

Wie ist es auf der anderen Seite der Mauer? Wie sieht der Himmel aus, der Boden, wie fühlt sich die Luft um uns herum an? Was sehen wir? Was hören wir? Was fühlen wir?
Und was ist das dort hinten?

Die Antworten auf die letzte Frage sind in meinen Workshops breit gefächert – angefangen von Verwirrung bis hin zu Verzückung. Was sehen wir dort hinten? Schauen wir genauer hin, damit wir es erkennen. Vielleicht ist es direkt vor uns, vielleicht aber auch weit hinten am Horizont oder irgendwo dazwischen. Da ist es auf jeden Fall. Aber was ist es? Richtig: eine weitere Mauer. Diese Mauer ist das Leben selbst und kein Hindernis, das zwischen uns und dem Leben steht. Jede Mauer ist ein Lehrer, und wir sind die Schüler. Ob wir lernen wollen oder nicht, ist immer unsere Entscheidung. Aber wir werden nicht die Wahl haben, ein Leben ohne Mauern zu führen, ebenso wenig wie wir eine Bestellung für ein ruhiges, heiteres Leben aufgeben können – aber bitte ohne Angst. Unsere Aufgabe ist es, uns unseren Mauern und der Angst, die sie zusammenhält, zu stellen. Dafür sind wir hier.

Als ich über den Campus meiner Alma Mater spazierte und die leise Stimme in mir hörte – „Sehen wir uns einmal an, was passiert, wenn die Angst die Regie übernimmt" – hatte ich keine Ahnung, dass ich in jenem Augenblick ein neues Buch begann. Heute kann ich sagen, dass genau das in dem Moment geschah. Es war an der Zeit, über das zentrale Thema aller Arbeit an persönlicher Reifung zu schreiben: Angst. Wie bei allen Projekten, an denen ich bislang arbeitete, habe ich den Stoff während des Schreibens „durchlebt". Stephen King sagte einmal, er wäre nicht nur der Autor seiner Bücher, sondern auch ihr erster Leser. Und mir ist vollkommen klar, was er damit meinte. Dieses Buch zu schreiben gab mir Gelegenheit, mich meinen Ängsten und meinen nächsten Mauern zu stellen, sie zu erkennen, sie zu akzeptieren und auf sie zu reagieren. Ich habe mein Bestes gegeben, mir selbst zu erarbeiten, was ich anderen beibringe, wobei ich häufig eine der beschriebenen Techniken nutzte, um eine der Hürden zu überwinden, die sich unterdessen neu auftaten.

Wie nicht anders zu erwarten gewesen war, hat mein Tyrann mehrfach versucht, einen Fuß in die Tür zu bekommen, um mir zu sagen, welches meine größte Angst sein sollte. Aber ganz gleich wie oft ich auf seine kleinen Tricks hereinfalle, wie oft ich in meine Neurose zurückfalle, werde ich nie die Verbindung zu dem verlieren, was ich als meine größte Angst erkannt habe: die Angst, der Weisheit in mir nicht zuzuhören und meinem Herzen nicht zu folgen.

Mir ist erst kürzlich klar geworden, dass die weise, sanfte Stimme in mir, die mir das KEINE-ANGST-Motto beigebracht hat, niemand anders ist als mein Verbündeter. Meine eigene gesunde Angst spricht aus dieser Stimme, und sie wird mich an der Kontrolle meines Tyrannen vorbeileiten. Meine gesunde Angst wird mir helfen, mich immer wieder auf das zu besinnen, was wirklich wichtig ist. Und sie wird mich daran erinnern, mich vom gefährlichen Perfektionismus fernzuhalten. Ja, sie hat sogar vor kurzem eine neue Wandkarte für meine Praxis verfasst: „Die kontinuierliche Angst davor, einen Fehler zu machen, ist ein fataler Fehler."

Der Verbündete erzählt mir in diesem Moment, dass ich meinem KEINE-ANGST-Motto noch etwas hinzufügen sollte. Ein Nachtrag des Campus-Vortrages, den ich zu hören bekam, lautete, „Geh das Risiko ein. Du bist es wert."

Und genau das möchte ich meinen Lesern mit auf den Weg geben.

Thoms Wandsammlung

1. Das Motto des Selbstsaboteurs: Man kann nicht verlieren, was man nicht besitzt.
2. Herz und Verstand arbeiten am besten, wenn sie als gleichberechtigte Partner fungieren.
3. Alle Dinge, die in und um dich herum in Aufruhr sind, beweisen dir, dass du noch am Leben bist.
4. Reifung findet immer von innen nach außen statt.
5. Mut verhält sich zur Angst wie das Licht zur Dunkelheit.
6. Eine wesentliche Eigenschaft der Menschheit ist chronische Vergesslichkeit.
7. Der Unterschied zwischen Wissen und Weisheit ist Erfahrung.
8. Abhängig von Kontrolle zu sein bedeutet, niemals etwas unter Kontrolle zu haben.
9. Hoffnung und Angst sind Weggefährten.
10. Verschwende deine Unzufriedenheit nicht, sondern nutze sie als Treibstoff.
11. Bescheidenheit ist die Erkenntnis, dass ich weder besser noch schlechter bin als irgendjemand anders.
12. Arroganz kann es nur da geben, wo keine echte Selbstliebe ist.
13. Gott lässt niemanden durchfallen, aber er lässt uns viele Prüfungen wiederholen.
14. Benutze deine Ohren zum Hören, nicht deine Ängste.
15. Suche Einfachheit. Einfachheit funktioniert.
16. Opfer glauben, wie es ihnen geht, hinge von dem ab, was ihnen geschieht; Nicht-Opfer glauben, wie es ihnen geht, hinge davon ab, wie sie auf das reagieren, was ihnen geschieht.
17. Ich behalte mir das Recht vor, nicht mit mir übereinzustimmen.
18. Stärke bemisst sich nach Willen, nicht nach Willenskraft.

19. Such nicht nach den richtigen Antworten, sondern mach dir lieber eine Liste mit ein paar sehr guten Fragen.
20. Ich glaube, Unsicherheit liegt in der Natur der Dinge ... aber ich bin mir nicht sicher.
21. Übernimm die Verantwortung für dein Leben, aber versuche nicht, es zu kontrollieren.
22. Geh immer auf deine Dämonen zu, denn sie beziehen ihre Stärke allein aus deiner Flucht.
23. Lass dein Wissen nicht mietfrei bei dir wohnen, sondern für seine Kost und Logis arbeiten.
24. Angst ist manchmal Weisheit, manchmal Narretei.
25. Schuldzuweisungen sind ein nettes Urlaubsziel, aber du möchtest dort bestimmt nicht leben.
26. Tratsche über deine Ängste. Dieser Klatsch ist tatsächlich erlaubt.
27. Wir alle reden mit uns selbst; wir müssen nur besser darin werden.
28. Nicht dein Gedanke zählt, sondern deine Beziehung zu diesem Gedanken.
29. Alles ist Beziehung.
30. Die kontinuierliche Angst davor, einen Fehler zu machen, ist ein fataler Fehler.

Danksagung

Keines der Bücher, die ich geschrieben habe, wäre ohne zwei Gruppen von Menschen denkbar gewesen: die Therapeuten, Heiler und Freunde, die mir während der letzten 20 Jahre halfen, „gesund" zu werden, und die Klienten, die darauf vertrauten, dass ich ihnen half, es ebenfalls zu werden. Ihnen allen bin ich aufrichtig dankbar. Ganz besonders möchte ich den Klienten und Workshopteilnehmern danken, deren Geschichten ich hier erzählen durfte, einschließlich „Virginia", die mir erlaubte, ihren Brief wörtlich zu zitieren.

Dieses Buch hätte es nie gegeben, wären da nicht gewesen: Oriah Mountain Dreamer, mein Agent Joseph Durepos und mein Verleger bei Harper San Francisco, Gideon Weil. Ich danke dir, Oriah, für die Einladung zur Party. Danke, Joe, für deine Weisheit, deine Anleitung und deinen Sinn für Humor. Und dir, Gideon, danke ich dafür, dass ich während des Veröffentlichungsprozesses eine Menge über Unterstützung und Förderung lernen durfte.

Ich danke Jerry Lincecum, der mich ans Austin-College zurückholte und mir damit den Anstoß für dieses Buch gab. Ich danke Scott Weiss, der mich in die Macintosh-Welt einführte, und Jay und Vicky Tyler sowie Kristy Seagle, die in Etappen das Manuskript mitlasen und wertvolle Anmerkungen machten. Außerdem danke ich Carrell Dammann und Judy Nobles, deren Briefe ich in das Buch aufnehmen durfte. Ich danke Jana Stanfield für die Erlaubnis, ihren wunderbaren Liedtext zu drucken, und Peter Shockey für seine Zustimmung dazu; und ich danke Kristin Beck, die mich ausfindig machte. Ich danke außerdem Jennifer Schaefer für ihre tatkräftige Unterstützung bei der Verfassung des Manuskripts und ihren grenzenlosen Enthusiasmus, mit dem sie dieses Projekt beflügelte.

Ein Dankeschön reicht wohl kaum aus für meine Frau, Dede Beasley. Ich weiß es wirklich zu schätzen, dass du nie die Flucht ergriffen hast, wenn ich mit dem nächsten Kapitel zu dir kam. Aber vor allem danke ich dir dafür, dass du mir eine weise, geduldige und heitere Partnerin in dem größten Versuchsprojekt bist – dem Leben.

Und ich danke natürlich auch Silven und den Jungs, die für die Zustellung sorgten – absolut pünktlich.